에듀테크,
교육에 좋은가?

**에듀테크,
교육에 좋은가?**

초판 1쇄 인쇄 2025년 9월 24일
초판 1쇄 발행 2025년 9월 30일

지은이　닐 셀윈
옮긴이　유성상, 배정현, 김범주
펴낸이　김승희
펴낸곳　도서출판 살림터
기획　정광일
편집　이희연, 조현주, 송승호
북디자인　꼬리별

인쇄·제본　(주)신화프린팅
종이　(주)명동지류

주소　서울시 양천구 목동동로 293 2215-1호
전화　02-3141-6553
팩스　02-3141-6555
출판등록　2008년 3월 18일 제313-1990-12호
이메일　gwang80@hanmail.net
블로그　http://blog.naver.com/dkffk1020
한국교육연구네트워크　www.kednetwork.or.kr

ISBN 979-11-5930-330-2 03370

*가격은 뒤표지에 있습니다.
*잘못된 책은 바꾸어 드립니다.
*이 책은 저작권법에 따라 보호를 받는 저작물이므로 무단 전재와 복제를 금합니다.

에듀테크,
교육에
좋은가?

닐 셀윈 지음
유성상·배정현·김범주 옮김

살림터

서문

에듀테크, 교육에 좋은가?

많은 독자가 충분히 짐작할 수 있듯 이 책의 제목이 묻고 있는 질문에 대한 대답은 '그렇다'와 '그렇지 않다' 사이 어딘가에 있다. 기술과 교육이 만나는 접점은 복잡하고, 모순적이며, 또 지저분하다. 따라서 간단한 정답, 그런 것 따위는 없다. 또한 분명한 해법, 그런 것도 없다. 한편으로, '기술이 무엇에 좋은가'라는 질문으로 시작하는 여러 책들은 '충격적 이원법'과 '단순화된' 직설법으로 비판받아 마땅한데, 디지털 미래에 관한 최근 공적 논쟁을 약화시켜 왔다.[1] 그런데 다른 한편으로, 이런 질문들은 많은 이들이 매일 따져 묻게 되는 여러 질문의 양태를 보여주는 것이기도 하다. 따라서 이 책은 '에듀테크(ed-tech)' 논쟁에 주로 등장하지 않는 난해한 사안과 논쟁을 탐색하려는 시도로서 어쩌면 조야한 전제로 비칠 수 있을지도 모르겠다. 그럼에도 불구하고, 이 책은 당신이 기술과 교육에 대해 좀 다른 방식으로 생각할 수 있기를 권하는 입장을 고수한다.

사회과학 및 인문학 분야에서 활동하는 저자들에게 나름대로 가장 중요한 목표가 있다면 중요한 주제임에도 대중 및 정치적 차원에서 부적절하게 다뤄지는 경향이 있는 주제들을 '솜씨 좋게 다뤄 묘사해 내는' 일이 아닐까 싶다.[2] 이런 점에 있어 이 책의 초점은 기술과 교육의 특성을 솜씨 좋게 다뤄 묘사해 내는 것이다. 즉, '에듀테크'와 관련된 주요 사안 및 쟁점을 적절하고 나름 자각할 수 있게 보여주는 일이다. 따라서 이 책은 기술과 교육에 대한 대화의 특성을 변화시키는 데 관심을 둔다. 화려한 예측이나 혹은 지금까지 보이지 않는 증거를 제시하려는 것이 아니다. 대신, 이 책은 이들에 대해 사유하기 위해 잠시 발걸음을 멈출 기회를 제공하고자 한다. 과대 선전과 과장으로 고취되고 있는 디지털 시대 안에서 이런 개입은 말할 필요 없이 '좋은' 것이다.

그렇긴 하지만, 이 책은 교육과 기술의 '과대 선전'이 심각하다는 입장을 취하고 있다. 〈폴리티〉 출판사의 '디지털 미래' 시리즈로, 다음에 이어지는 6개 장에서는 '최근 문헌들이 보이는 가장 따끈따끈한 내용'과 '이 시대 해당 영역을 뒤흔드는 아이디어'에 의도적으로 초점을 맞출 것이다. 교육과 기술, 혹은 교육 또는 기술에 대해 나름 오래 연구해 온 연구자들이 오랫동안 지속해 온 논쟁과 마찬가지로, 이 책은 처음부터 교육의 '파괴', 디지털 '개별 맞춤' 혹은 기타 다른 유행어들을 둘러싼 논쟁을 담고 있다. 독자들은 이 점을 잘 이해해 주시기 바란다. 이런 논쟁에 대해 즉각적으로 모욕감을 느끼는 독자들도 있을지 모르겠다. 기술과 교육을 둘러싼 이야기의 많은 부분은 일반적으로 공허하고 동시에 열정에 가득한 '기술 담화'의 과잉과 매우 흡사하다. 일부 비평가들에게 이런 논점 및 아젠다는 이토록 심각하게 다루어질 만큼 가치 있지 않다고 할 수도 있다.

이런 작금의 논점 및 논쟁에 (특히 학문적 관점에서) 비상식, 소음, 과대 선전과 별반 다르지 않게 대응하는 것이 이해되기는 하지만, 이들은 간단히 무시하거나 묵살하고 지나가서는 안 되는 것들이다. 우리가 좋아하건 그렇지 않건 교육 바깥의 정책결정자들, 기업가들, 기타 권력을 행사하는 사람들은 이 문제를 아주 심각하게 받아들여야 한다. 이 주제들은 현재 수십억 달러의 자금이 투자되고 있는 교육의 미래에 관한 것이다. 역으로, 이것들은 교육 안에 있는 많은 사람이 아직 충분히 관여하고 있지 않음에도 이미 이들 주변에서 그 영향이 나타나고 있다. 그런 의미에서 이 책은 좀 더 신뢰할 만한 대안을 찾아보길 강구하면서도 이런 아이디어와 가정들을 제공하려 한다. 교육의 과거, 현재, 미래에 대해 당신이 어떠한 입장으로 서 있던 간에 이 책이 다루는 주제는 당신이 관심을 충분히 가지고 다뤄야 할 논점임이 분명하다.

본격적으로 논의를 시작하기 전에 나는 '디지털 미래' 시리즈로 발간하는 초기 책으로 본고를 받아준 폴리티 출판사의 안드레아 드루간(Andrea Drugan)에게 감사한다. 더불어 이 책이 출간되는 데 필요한 일련의 작업을 담당했던 엘렌 그리피스(Elen Griffiths)에게도 감사한다. 이 책은 최종 원고를 교정하고 편집한 저스틴 다이어(Justin Dyer)의 덕을 많이 봤다. 노고에 감사한다. 또한 스콧 불핀(Scott Bulfin), 루시 팡그라치오(Luci Pangrazio), 셀레나 네모린(Selena Nemorin)은 이 책의 원고를 토대로 계속되는 기술·교육·사회에 대한 대화를 이어주었다. 이 주제에 대한 내 글이 이들의 분명한 지지와 지원에 힘입어 엄청나게 더 나은 것이 되었다.

닐 셀윈
멜버른
2015년 10월

차례

서문 에듀테크, 교육에 좋은가? 5

1장 디지털 기술과 교육 변화 13

2장 에듀테크, 교육민주화에 도움이 되는가 43

3장 에듀테크, 개별화교육을 가능하게 하는가 79

4장　디지털 데이터,
　　 교육을 좀 더 예측 가능하게 하는가 113

5장　에듀테크, 교육을 더 상업적으로 만드는가 147

6장　'좋은' 교육을 위한 디지털 기술 179

역자 후기　213

주석　236

1장

디지털 기술과 교육 변화

도입

디지털 기술은 이제 교육의 필수적인 부분이 되었다. 지난 40여 년 동안 인터넷, 휴대전화와 같은 중요한 기술 발전과 함께 컴퓨터 처리 능력은 기하급수적으로 발달했다. 스마트폰, 태블릿 및 기타 컴퓨터가 내장된 기기들은 사람들과의 교류, 미디어 시청, 핵심석인 사회 제노에의 참여, 삶에서 다양한 일상을 누리기 위한 통상적 수단이다. 구글과 위키피디아는 수백만 명의 사람들이 정보에 접근하고자 할 때, 그리고 뭔가 궁금한 것을 찾고자 할 때 이용하는 첫 관문으로 기능하고 있다. 이런 기술들은 그 자체로 새로운 세대, 지식에 기반한 소통, 그에 따라 배움과 이해가 일어나는 방식의 변화를 일구어내고 있다. 이런 모든 방식에 있어, 교육의 여러 주요 요소들은 이제 완전히 디지털적이다.

물론 '교육'은 배움과 지식 습득의 문제를 훨씬 넘어서는 것이기는 하다. 하지만 조직이란 관점에서 디지털 기술은 이제 '공식' 조직, 의무교육 단계 및 의무교육 이후의 교육 체제에서 중심적 위치를 차지하고 있다. 온라인 교육이 전통적인 '강의실 기반' 교육을 보완하거나 좀 더 나아가 경쟁하는 식의 대안으로 급부상하면서 학교 및 대학은 점점 더 디지털 환경에서 운영되고 있다. 수억의 사람들이 온라인 기반 수업 및 가상 플랫폼의 강좌에 등록해 수업을 듣고 있다. 각 국가 및 지자체들이 디지털 교육 자원을 활용하는 데 매년 수십억 달러의 예산을 쓰고 있다. 전 지구적으로 각국 정부는 국가 교육 기술 정책 및 미래 구상을 내놓으면서 디지털 시대 요구를 따라잡겠다고 사투를 벌이고 있다. 이 책에서 말하는 '디지털 교육'은 글로벌 경제 및 글로벌 정치의 문제와 맞물려 있는 것으로 지식, 기술, 그리고 배움이 '중시되는' 지속적 변화와 깊이 관련되어 있다. 앞서 이야기했듯, 디지털 기술은 광범위한 차원에서 점차 '교육'의 필수적인 요소가 되고 있다.

그러나 디지털화의 경향은 시간이 지나면서 점차 그냥 그렇고 그런 일상 업무 중의 하나, 혹은 그다지 눈에 두드러지지 않은 것으로 여겨지는 듯하다. 디지털 기술은 오늘날 우리가 교육을 '하는' 방식의 일부이자, 과거에 교육이 우리에게 '했던' 방식의 일부다. 많은 이들에게 이제 디지털 기술은 매일 이루어지는 교육의 배경적 특징이 되었다. 하지만 교육 환경에서 디지털 기술의 현존에 대해 심드렁해하는 것은 바람직하지 않다. 교사, 학생, 기술 개발자 및 여타 교육 관련 전문가처럼 직접 영향을 받는 '교육공동체'를 넘어, 정책결정자, 기업인 및 기타 영향력이 있는 행위자들은 거시적인 변화 및 개혁이란 극적인 용어를 사용해 가며 교육에서의 디지털 기술의 정당성을 확보한다. 따라서 교사 혹은 학교가 도대체 특정한 디지털 기기 혹은 응용 프로그램을 어떻게 좀 더 효과적으로 사용하는 게 좋은지에 대한 따분한 논의에 빠지기보다는, 오히려 교육 바깥에 있는 많은 이들이 좀 더 야심 찬 용어들을 써가며 이 현상에 대해 치열하게 고민하고 있다. 예를 들어, 디지털 기술은 교사 및 학교 모두의 부족함을 채워 줄 수 있는가? 도대체 왜 수천 개의 대학들이 근본적으로 똑같은 내용의 강의를 담아내는 데 그 많은 비용을 써야만 하는가? 최고의 교수 강의가 전 세계 어느 대학에도 반복해서 전달될 수 있는데 말이다. 이러한 관점에서 디지털 기술은 지난 수백 년간 '교육'이라고 알려진 모든 것에 근본적인 질문을 제기한다. 이 책은 이런 급진적 변화의 가능성이 '실제' 실현될 수 있을지, 혹 어떤 방식이 있을지에 초점을 맞춘다. 디지털 기술은 과연 '진짜로' 교육을 어느 정도로 바꾸고 있는가? 이것이 '늘' 우리의 최대 관심사가 될 것인가?

디지털 기술과 교육 변화

교육에서 디지털 기술의 활용을 둘러싼 대부분의 논의에는 교육 변화에 대한 깊은 우려가 담겨 있다. 디지털 기술이 사회 전 분야의 변화와 밀접하게 연계되어 있는 상황에서 이는 충분히 예상되는 일이기는 하다. 그렇지만 디지털 기술을 이전과 완전하게 동일한 방식으로 활용하는 사람은 거의 없다. 대신 디지털 기술은 좀 더 저렴하고, 좀 더 빠르며, 좀 더 편리하고, 좀 더 재미있거나 좀 더 효율적인 방식으로 교육에 적용하는 것과 관련된다. 이러한 기술이 좀 더 나은 변화를 이끌어내지 못한다면, 디지털 기술은 '우리를 바보로 만드는 구글'이라던가 '애들 문해력을 떨어뜨리는 눈' 등의 표현과 같이 퇴보적인 변화를 의미할 수 있다. 어느 쪽이든, 디지털 기술을 변화 혹은 뭔가 다른 것과 나란히 놓는 것이 상식이 되었다. 실제로 디지털 기술은 디지털과 거리가 먼 과정이나 활동을 '매개하는' 것으로 가장 잘 이해되는 듯하다. 즉, 디지털 기술은 뭔가 새로운 것을 가능하게 만드는 것이자 동시에 새로운 한계를 드러내고 의도하지 않았던 결과를 끌어들이는 셈이다.

교육을 변화시킬 수 있는 디지털 기술의 잠재력에 대한 견해는 상당히 다양하다. 그리 크지 않은 개선 정도라고 하는 쪽이 있는가 하면, 혁명과도 같이 전반적인 변혁이라고 하는 쪽도 있다. 디지털 기술이 교육에서 눈에 띄는 개선을 이루어 내리라고 치하하는 쪽에서는 배움(예를 들어, 학습을 좀 더 사회적이라거나, '맥락적'이게 혹은 좀 더

'진짜답게' 만드는 것)을 개선한다거나 학습자의 역량(예를 들어, 학습자가 배움에 좀 더 참여하고, 동기를 부여하고, 혹은 좀 더 잘 배울 수 있도록 하는 것)을 증진시키는 것과 관련짓는다. 이때의 기술은 학습을 '보강'한다거나, '가능', '보조', '지원', '발판 마련'을 해주는 것으로 기술된다. 유사한 방식으로 디지털 기술은 교사의 가르침 역량을 확대해 주고, 교육 기관의 효율성을 키워주며, 사회와 경제의 필요에 교육 시스템의 관련성을 높여주는 것으로 환영받고 있다. 이상의 이야기에서 보듯, 근본적으로 교육 시스템, 교육 기관, 그리고 교육이 이뤄지는 일반적인 방식은 거의 변화시키지 않은 상태로 교육의 개선이 이루어진다고 여겨진다.

교육 변화를 대하는 또 다른 시각으로 살펴보면 디지털 기술은 교육과정과 실천의 변혁과 깊이 관련된다. 이런 변혁은 '교육'의 특질과 형식에 대한 거대한 변화와 '대대적 개혁'을 뜻한다. 사용하는 언어를 보아도 이런 변화는 일종의 근본적인 변화를 암시한다. 수업이 대면이 아닌 온라인으로 진행된다거나, 사람들은 직접 강의를 듣기보다 게임과 같은 방식을 통해 학습하는 변화가 나타나고 있다. 소위 이런 변화는 종종 컴퓨터 공학자들이나 IT업계에서 빌려와 사용되곤 한다. 예를 들어, 소프트웨어 개발자들의 언어가 기능성의 대폭 개선을 가리키는 말로 종종 되는 것처럼 말이다. 따라서 우리는 '학교 2.0'이라던가, '교육 3.0'과 같은 말을 듣게 된다. 더 나아가게 되면, 일부 비평가들은 교육을 '업그레이드한다'라거나, '해킹' 혹은 '전환한다'라는 말을 사용하기도 한다. 이런 모든 표현은 교육적 규범의 틀을 다시 만드는 일 혹은 다시 쓰는 행위로 이해된다. 교육의 목적은 새롭게 되는 것이고, 이런 변화를 매개하거나 촉진하는 방식으로 디지털 기술이 기능하게 된다.

좀 더 극단적인 입장을 보자면, 디지털 기술은 교육을 혁명적으로 바꿔내는 일을 주도한다. 즉, 교육에 내재된 기존 질서와 이해관계를 완전히 뒤엎어 새롭게 하는 것을 의미한다. 이런 변화의 엄중함은 직설적인 '변혁'이란 말보다 더 자주 언급되면서 변화 과정에 있을 긴장과 갈등, 폭력과 투쟁을 내비친다. 실제로 '혁명'이라는 말은 갈등, 이해관계 및 이념의 충돌, 기성 엘리트의 전복, 기존 사회 질서에 대한 도전, 권력과 통제의 이동 및 재분배와 같은 의미를 담아 전달한다. 이런 파장의 주요 대상은 '학교', '대학', 공식적인 시험 및 자격체제, 그리고 국가교육 과정과 같은 핵심 제도 등이다. 이처럼 디지털 기술은 정부 기관 및 국가 조직은 말할 것도 없고 교사, 노조, 학문 세계에 자리 잡고 있는 '교육 제도'를 불안정하게 만드는 듯하다.

이와 대조적으로, 디지털 기술은 사회적으로 취약한 계층의 권한을 강화하는 것으로 인식되기도 한다. 이에 대한 기술을 보면, 특히 개인의 이해관계를 기관보다 앞세우고, 학부모의 권한을 교사의 권위보다 앞세우며, 민간 시장을 공적 영역의 독점보다 우위에 두고, 외부자들을 내부자들보다 우선시한다. 이런 부류의 급격한 기술 기반 변화와 함께 다시는 이전과 똑같은 교육의 모습이 유지되기 어려울 것이다.

'망가진' 교육 시스템을 위한 디지털 '땜빵'?

이런 변화는 의기양양하고 거침없이 이루어지는 듯하

다. 이 책 전체적으로 교육과 디지털 기술을 묘사하는 데 사용되는 언어에 대해 조심스러운 검토가 이뤄질 것이다. '디지털 교육'이라는 개념에서 가장 중요한 것은 어쩌면 그 담론적 성격일지도 모른다. 다른 말로, 디지털 교육이라는 아이디어에 담긴 가치와 의미는 디지털 기술을 실질적으로 활용하는 것만큼이나 정당한 것처럼 보일 수 있다. 이는 분명히 디지털 교육이 종종 '현장에서' 경험되는 방식과 달라 보인다. 예를 들어, 지난 40년 동안 기술이 교수 학습의 지속적인 개선을 이끌었다는 확실한 증거는 거의 없다. 유사하게, 대부분의 교육기관 및 제도에서 전면적인 혁명은커녕 부분적 변혁조차 나타나지 않았다. 디지털 교육을 내비치는 대부분의 수사적 표현은 그게 도대체 구체적으로 뭘 의미하는지 파악하기 절망스러울 정도로 밝히기 어렵다.

우리는 이런 디지털 '혁명', '전환', '향상'과 같은 표현을 교육에서 실제 전개되는 변화를 가리키는 냉정하고 객관적이며 정확한 기술이라기보다는 암시적이거나 영감을 불러일으키는 이야기 정도로 보는 편이 나을 것이다. 이런 이야기들의 근본적인 중요성은 이것들이 현재 교육을 둘러싼 포괄적인 희망, 두려움, 욕구, 혹은 기대감을 드러낸 다는 데 있다. 특히 기술, 경제, 정치, 인구학적으로 빠르게 변화하고 있는 시대에 말이다. '디지털 교육'은 교육이 가까운 미래에 보여줄 수 있는 희망과 두려움이 무엇인지 목소리를 내는 가상의 공간이다. 따라서 과도하게 의기양양한 디지털 변화에 대한 주장을 신중하고 회의적인 시각으로 다루는 것이 나름 필요하다.

이런 차원에서 디지털 기술은, 이미 한물가서 더 이상 애초의 목적을 실현해 내지 못하고, 대체로 '망가진' 교육 시스템을 처방해 바로잡는 것이라는 주요 주장에 관심을 기울여야 한다. 지난 10여 년간, 한물간 산업 및 비즈니스 모델에 내재된 기술적 혼란은 디지털 혁신을 표현하는 너무도 익숙한 수사가 되었다. 너무 과하게 사용되고 있다는 생각이 들 정도로 말이다. 예를 들어, 인터넷은 사회의 여러 영역에 분열적 효과를 가져다주고 있다고 여겨진다. 신문 산업에서부터 변화가 소매업에 이르기까지 그 폭도 다양하다. 언제까지 사람들이 종이에 인쇄된 일간 신문을 거리의 가판대에서 돈을 내고 살지 질문해 볼 만하지 않은가? 또, 언제까지 집으로 배달될 만한 물건을 가게까지 걸어가 살 것인지 질문하는 것은 어떤가? 일반적으로 이런 일은 실질적인 격변 속에 '전통적인' 산업 및 시장으로 받아들여지고 있다.

많은 이들에게 디지털 개선은 마찬가지로 교육에 적용 가능하다. 〈이코노미스트〉지는 최근 '대학의 재창조'에 관심을 쏟으면서 다음과 같이 직설적인 결론을 제시하고 있다. '인터넷은 신문, 음악, 책방 등의 산업을 뒤집어엎는 것으로, 곧 고등교육을 엎어 버릴 것이다.'[1] 유사하게 미디어 평론가인 제프 자비스(Jeff Javis)는 '교육이 이런 격변이 가장 크게 일어날 법한 제도로, 애당초 가장 큰 기회가 되기도 할 것'이라고 했다.[2] 이런 일에 그리 익숙하지 않은 사람들에게, 이는 상당히 도발적인 주장으로 비칠 것이다. 이런 주장은 제도화되어 있는 교육에 대한 직접적인 도전이 아닐 수 없다. 이런 교육의 제도화는 대학과 학교 같은 형태에서 가장 잘 나타나고 있지만, 정부가 운영하는 교육체제, 관료화된 기구들, 그리고 이를 둘러싼 여러 기관이 포진해 있다.

이런 염려를 내뱉는 이들은 〈이코노미스트〉지나 자비스

와 같은 인사 외에도 많다. 요즘 교육에 관한 이야기를 하다 보면 소위 '망가졌다'라는 말을 자주 듣는다. 혹은 지나간 시대의 구식이거나 한물간 것이라는 말도 그렇다. 사람들은 짜증 섞인 투로 '산업혁명 시기의 교실', '공장 모델 학교', '상아탑' 대학 등과 같은 표현들을 말한다. 이런 말들은 심각할 정도로 비민주적이고 재앙과도 같은, 융통성이라고는 없는 단일한 제도로 교육을 잘못 운영해 왔다는 인상을 주려 한다. 이런 기관들은 주인의식, 통제, 권력이 불공정하게 엘리트의 손에 집중되어 있어 움직임이 굼뜨다. 대학 총/부총장, 대학교수, 교육감, 정년이 보장된 교사, 교원 노조 등이 움켜쥐고 있기 때문이다. 다른 크고 많은 정부기관 및 관료제와 마찬가지로 이러한 기구들은 반응하지 않고, 무능하며, 믿음직하지 않고, 감사할 줄 모르며, 사리사욕에 매진한다고 여겨진다.[3] 따라서 이런 기구들은 완전히 없애버려야 한다.

이런 주장은 교육계 외부의 많은 인사의 눈을 사로잡는다. 물론 교육계 내부에도 이에 동조하는 일부 사람들이 있기도 하다. 나름 이해할 만한 상황이다. 마틴 웰너(Martin Weller)에 따르면, '교육이 망가졌다'라는 개념은

'종종 더 이상 반박할 수 없는 사실처럼 당연시되며 다른 모든 것들을 따르게 한다. 이런 말들은 간단히 교육 혁명이 필수적이라는 것으로 이어진다.'[4] 강하게 압박하는 이런 부류의 주장들은 때때로 교수법 및 교육과정에서 창의성이 부족하다거나 만성적으로 높은 결석률, 소위 학교-감옥으로 직행, 혹은 대학 교육에서의 재정 불안정성 등으로 구체화된다. 하지만 구체적인 내용과 상관없이 이런 예후들은 대안적인 교육 방식을 증진시키기 원하는 교육계 바깥의 이해관계가 내비치는 것들인 경우가 많다. 이 경우 자유시장이라던가, 자유지상주의, 홈스쿨링, 아동중심학습 등의 다양한 관점에 근거해 교육개혁을 추구하는 사회집단들을 만나게 된다. 이런 주장을 내세우는 동기는 아주 다양한 상황인데, 그 논리는 대체로 외부의 개입이란 일정한 형식을 정당화한다. 웰너가 잘 관찰하고 있듯, 이것늘은 교육가 및 교육 선문가들을 계속 신뢰할 수 없다는 뜻을 내포하는 '조작적' 설명이다. 대신, 이들이 가정하는 해결책은 외부 전문가들이 일대 변화를 주문하도록 하는 것이다. '만약 뭔가 망가졌다고 진단된다면, 그에 합당한 반응은 망가진 것을 고치는 것 아니겠는가? 그러면 이때 이루어지는 탐색은 당연히 해결책을 위한 탐색일 것이고, 대체로 교육이 망가졌다고 결정하는 사람들이 대안적 해결책을 제공하면서 이익을 얻게 된다.'[5]

여러 면에서, 이런 비판들은 전반적으로 논박하기 쉽지 않다. 우리 주변에서 주류 교육 제도가 망가졌다고 볼 만한 사례를 찾는 것은 어렵지 않다. 일례로, 미국 교육의 최근 청원을 가져와 보자.[6] 다른 많은 국가보다 학교에 더 많은 교육비를 지출(연간 학생당 1만 달러 이상)하면서도 미국은 수학, 과학, 읽기 능력을 재는 국제 비교 평가에서 하위 절반 수준에 머물고 있다. 이런 학생들의 낮은 학업 성취도에 더해, 미국 학교들은 시스템 전체적으로 학생들을 돌보는 데 기본적으로 실패하고 있다. 미국 학교들은 시스템에 허술함이 많은 것으로 악명이 높다. 연간 학교를 중도에 포기하는 학생이 120만 명에 이른다는 통계를 인용하자면, 미국 고등학교에서는 매일 7,000명의 학생이 자퇴를 선택하는 상황이다. 이는 26초마다 한 명의 학생이 학교를 그만두는 꼴이며, 이런 것을 볼 때, 고등학교 1학년의 4분의 1은 제때 졸업하지 못한다고 볼 수 있다. 최근, 미 전역에 1,500개가 넘는 고등학교를 '중도탈락생공장'으로 딱지를 붙일 만큼 여러 염려가 제시되고 있다. 이들 학교에서는 전체 학생 중 60%도 졸업하지 못하는 상황이다. 분명히, 모든 학교가 완벽한 것은 아니다. 전 세계에서 가장 잘산다는 나라에서도 예외가 아니다.

상황은 의무교육 단계 이후라고 해서 더 나아지지 않는다.[7] 한편, 미국은 고등교육에 다른 어떤 나라보다도 높은 비중의 예산을 지원한다. GDP의 2.6%를 사용하는데, 호주 1.6%, 영국 및 독일 1.3%에 비해서 상당히 높다. 다른 한편으로는, 대학생들의 중도 탈락률 역시 상당히 높다. 미국 대학생들을 재학 기간 6년 내로 졸업하는 비율은 절반에 미치지 못한다. 대학 교육을 받는다는 특권은 학생들에게 부채의 늪에 빠지게 하고, '학위 수준'에 걸맞은 취업 전망에 빠져 살게 한다. 이런 상황을 제시하고 보면, 대부분의 대학에서 제공하는 '교육' 상품을 정당화하기는 어렵다. 데이비드 브롬위치(David Bromwich)는 이를 다음과 같이 회고한다.

> 대학 교육의 값이 너무 높아 오늘날 평균 등록금은 1978년에 비해 11배가 높다. 대학 학위의 가치에 대한 걱정이라면 다름 아닌 오래된

지식을 구식의 방법으로 배운 것이 기술로 곧 쓸모없어진다는 점이다. 겨우 몇몇 대학 정도만이 대학 시장에서 살아날 수 있으리라는 것이 우리에게 있는 두려움이다.[8]

따라서 디지털 기술은 점차 우리 주변에서 지금과 같이 별 변화 없이 유지되는 제도를 땜질하고 수선하기보다 교육혁신과 대변동이라는 급진적 형태와 관련되어 있다. 다수의 비평가에게, 디지털 기술은 세상을 뒤흔들고, 구체제를 쓸어내고, 21세기에 부합하는 교육을 만들도록 하는 수단이다. 이런 상황은 주로 극단의 급진주의자들의 입맛에 맞는 유형에 가깝다. 하지만 디지털 '파괴', '혁명', '재발명'에 관한 주장은 이제 교육적 상식에 파고들기 시작했다. 상식이란 삶의 방식을 생각해 볼 때 이런 이야기를 액면가 그대로 받아들이기보다 대체 여기서 논의되어야 하는 것이 무엇인지 좀 더 따져보는 시간을 갖는 것이 필요하다. 이러한 논의는 거시적 함의를 위한 거시적 사상에 해당한다.

'파괴적 혁신'과 교육의 디지털 개선

기술과 교육에 관한 이런 대중적 정서를 이해하기 위해서는 경제 및 비즈니스적 사고를 검토하는 것이 유용하다. 자주 언급되는 이름은 아니지만, 교육 파괴에 대한 최근 교육 대담의 상당 부분은 '파괴적 혁신'에 대한 크레이 크리스텐슨(Clay Christensen)의 저술에서 기원한다. 파괴적 혁신은 기존의 주류 시장에서는 충족되지 못하는 새로운 가치와 필요, 욕구를 해결하기 위해 저사양이면서도 비교적 평범한 기술이 활용되는 현상을 의미한다. 이러한 단순한 응용이나 아이디어는 현재 지배적이고 성공적인 방식과 비교했을 때 상식적이지 않고 열등하게 보일 수 있으나, 시간이 지나면서 시장의 판도를 바꾸는 혁신으로 발전할 수 있다. 그럼에도 불구하고 이런 파괴적 혁신은 성공적으로 물건을 생산할 수 있도록 하고 이전에 한 번도 이런 것에 대해 몰랐던 사람들에게 필요한 서비스를 제공해 줄 수 있다는 점에서 성공한 것이다. 새로운 사람들과 일을 하는 이런 틈새 접근은 시간이 지나면서 점차 자리를 잡아가고 있고 결국 기존 시장으로 확장된다. 그러면서 가격을 낮추고 기존 사업자들이 사업 방식을 변경하도록 하거나 아예 쫓아내는 역할을 하고 있다.

 크리스텐슨이 주장하는 바에 따르면, 기존의 견고한 제도는 이런 혁신을 무시하게 되는데, 기존 '가치 네트워크' 바깥으로 이런 제도가 밀려 나가게 되는 상황이 될 때까지 이 무시가 이어지곤 한다. 이전보다 더 자주 그렇다. 즉, 이 가치 네트워크는 현재 경쟁자들에 맞서 성공적으로 경쟁하는 데 요구되는 것들이다. 하지만 이런 기존 제도들은 대신 소위 '지속되는 혁신'에 좀 더 관심을 기울이고 집중한다. 이는, 역사적으로 이런 제도가 성공하도록 도왔고 지금까지 시장에서 가장 큰 이익을 낼 수 있도록 해준 핵심 요인을 유지하는 것으로 이해할 수 있다. 거대 기관들은 이미 차지하고 있는 과업에서 '더욱 거대하고, 더 강력하며, 더 효율적인 방향으로'[9] 이끄는 혁신에 관심을 기울인다. 충분히 이해할 만하다. 그런데 작은 스타트업 회사라든가, 혹 기업가들과 같은 새로운 부류의 혁신가들이 등장하고 있다. 이들은 모두 이전과는 다른 가치 네트워크를 구축하고 기꺼이 그 속에서 살아가고자 하며, 기존 방식의 서비스에 접근하지 못하는 '비소비자'에게 이들을 제공하고자 한다. 이런 대안적 형식들은 과업을 수행하는 과정에서 기존 시장에 침투하거나 '파괴'할 수 있는 지점에 이를 때까지 확장한다. 크리스텐슨의 표현대로, '결국 서비스의 질은 기존 소비자들의 환심을 살 수 있을 만큼 충분히 좋아지게 된다.'[10] 이 지점에서 새로운 시장, 새로운 가치 네트워크는 하나의 규범이 되고, 구식 제도가 할 수 있는 최상의 서비스는 이러한 혁신을 따라잡으려 애를 쓰게 된다. 이렇게 파괴는 완성된다.

디지털 시대의 파괴적 혁신에서 가장 많이 인용되는 사례는 백과사전 업계에서 위키피디아가 일으킨 파급에 관한 것이다. 정보가 담긴 책을 둘러싼 시장이 개별 전문가의 글이 아니라, 공동 저자라는 가치, 대중의 지혜에 의해, 두꺼운 책자가 아닌 온라인 형태의 계속 변화하는 텍스트, 또한 아무런 이익을 남기지 않는 방식에 따라 재구성될지 누가 알았겠는가? 좀 더 중요한 것은, 브리태니커 백과사전이 2010년 이후 종이책을 발행하지 않을 것이라고 누가 상상이나 했겠는가? 그렇다면 교육이라고 뭐가 다르겠는가?

디지털 개선이라는 호소

많은 사람들은 향후 10년 동안 교육에 있어 디지털 파괴가 일어날 것이라고 예상한다. 적어도 책자로 발간하던 백과사전 업계의 상황과 크게 다르지 않은 운명을 맞을 것이라 예측한다. 이런 예측이 왜 아주 환영받고 있는지는 분명히 알 수 있다. 우선, 교육의 최근 상황에 이런 일을 대입해 보면 그 결과에 상당히 만족할 만하다. 분명한 것은, 학교와 대학 시스템이 기대하는 만큼 그렇게 잘 '작동하지' 않는다는 점이다. 마찬가지로, 학생, 교사, 학부모, 기타 기업주들까지 이런 교육 시스템에 실망이 크다는 것은 두말할 필요도 없다. 따라서 아래로부터 교육을 재검토해야 할 아주 강력한 사례들이 존재한다고 할 수 있다. 이 점에 있어 토드 힉슨(Todd Hixon)은 미국 대학 시스템에 대해 이렇게 비판한다.

고등교육은 전혀 작동하지 않고, 심각할 정도로 비싸며, 고루한 사업 모델의 산물이다. 수년간, 우리는 교육의 가치를 비상하게 여겼었기 때문에 이를 받아들여 왔다. 지금 대부분의 중산층 및 중상층 학부모들은 자신들이 누렸던 교육을 자기 자녀들에게 제공해 주지 못한다고 느낀다. 기술은 최근 교육의 이런 상황에 더 많은 비판거리를 제공해 주고 있다. 온라인 교육이 나름 작동하면서, 극적으로 교육비와 접근성을 개선해 주고 있다. 기업가와 투자자들에게 이는 아주 큰 기회가 아닐 수 없다.[11]

둘째, 파괴라는 주제극은 1970년대부터 지금까지 많은 교육 기술 혁신에 있어 꽤 오랫동안 '일어나지 않은' 것을 설명하는 데 아직도 꽤 지난한 과정을 거치고 있다. 앞서 간단히 언급했듯, 지난 40년 가까운 기간 교육 기술의 거대한 수수께끼 중 하나는 상대적으로 파급력이 상당히 약했다는 점이다. 물론 피상적인 수준에서 일었던 기술 관련 교육의 변화는 부수히 많다. 그러나 대부분의 경우, 교육의 본질은 거의 변화 없이 그대로 남아 있다. 전문가인 '교사', 시공간 및 장소에 대한 규정, 일상적 교육과정과 교수법, 평가 및 인증 절차라는 개념을 강화하는 기존 과업들의 견고한 '문법'이 계속 강조되었기 때문이다. 이 시기를 거치면서 1990년대 초반, 래리 쿠반(Larry Cuban)

은 '컴퓨터와 교실이 만났고, 교실이 이겼다'[12]라고 직설적으로 주장했다. 교육사가로서의 그가 제공한 이런 진단을 넘어선 사례를 찾아보기는 쉽지 않다. 교실 맨 앞에 교사가 자리한 전통적인 학교 교실의 모습이나 대부분의 대학에서 대규모 강의에 계속 의존하는 모습을 보고 있자면, 사람들이 도대체 왜 '오늘의 교실이 100년도 더 전의 교실과 그다지 변한 게 없다'라는 상투적인 문구를 들먹이는지 이해하기 쉽다.

에듀테크가 '별 뾰족한 변화를 만들지 못했다'는 불편한 진실에 대해 파괴적 혁신이라는 서사는 비교적 깔끔한 설명을 제시한다. 파괴적 혁신이란 아이디어는 이런 이전의 시도들이 돌아가는 교육 질서의 비효율성을 거의 바꿔내지 못한 '유지 혁신'이었다고 정당화한다. 이와 대조적으로, 디지털 파괴라는 개념은 교육과 기술 기반 변화를 바라보는 새로운 사고체계를 제공한다. 진정한 파괴는 교육의 특질을 재구상하는 것과 관련된다. 즉, 교육 활동, 교육 관계, 심지어 교육의 핵심 목적 및 가치에 이르기까지 완전히 다시 구상하는 일 말이다. 진정한 파괴는 기술을 똑같은 일을 다른 방식으로 하는 데 활용하는 것이 아니라,

완전히 다른 일을 수행하는 데 활용하는 것과 관련된다. 이는 교육 활동에서 이전에는 참여하지 않거나 혹 배제된 사람들을 개입시키도록 한다. 즉, 이제까지 없었던 생산품, 서비스를 제공하고, 이제까지와는 다른 결과를 만들어내기 위해 노력하고, 새로운 시장을 창출해 내고, 새로운 가치를 찾아내는 일과 관련된다. 진정한 파괴에는 교육 서비스에 관여하는 기존 교육 제도 바깥의 관심그룹, 혁신가들이 필요하다. 작금의 디지털 기술은 이 같은 상식적인 유행어를 진작시키며 이제 마침내 '판을 갈아엎는 행위자'로 역할을 수행하기 시작하고 있다.

피할 수 없는 교육의 디지털 변화: 조심해야 할 이유들

이런 주장들은 충분히 이해될 만큼 흥미롭기 그지없다. 하지만 조심스러움을 넘어 의심의 눈초리로 이런 주장에 접근할 필요가 있다. 분명히 이런 변화는 온전히 긍정적인 혜택만으로, 혹은 완전히 피해야 할 부정적인 것으로 이야기될 수 없다. 지금 시점에서 우리는 많은 이들이 기술과 교육에 있어 뭔가 발전시키겠다고 했던 것 중 과거에 제대로 살피지 못했던 부분을 들여다봐야 한다. 교육과 디지털에 대해 조심스럽게 그리고 비판적으로 생각해 봐야 한다는 의미다. 마찬가지로 우리는 이 책의 다음 부분으로 이어지는 여러 뼈아픈 진실을 인정해야 한다.

다른 무엇보다도 우리는 '고친다', '파괴한다', '판을 갈아엎는다'라는 부류의 이런 주장들이 등장하는 나름의 이유가 있음을 알아야 한다. 이는 중립적인 기술 혁신이 전달하는 몰가치적 추론이 아니다. 금방이라도 닥칠 듯 절박하게 디지털 변화를 내세우는 강력한 주장은 대체로 교육개혁과 사회 변화에 관한 좀 더 광범위한 의제, 신념, 이해관계와 연결되어 있다. 또한 앞서 다룬 부분을 좀 더 보완하자면 우리는 파괴 및 탈규제 등의 주류 논의의 많은 부분이 기업, 상거래, 경제학적 이해관계에 기반하고 있음을 인식해야 한다. 교육에서 기업의 이익과 상업적 가치가 굳이 부정적으로 이해될 필요는 없지만, 역사적으로 비즈니스의 이상, 시장 가치, 이윤 추구는 교육으로 대개 원만하게 이행되지 않았다.

역사를 돌이켜보면 기술 변화라는 말이 나올 때 확실한 것은 거의 없었다. 마약 근절에서 고속도로 사고 감소에 이르기까지, 다양한 사회 문제를 깔끔하고 빠르게 '기술적으로 고치는 일'은 거의 없었다.[13] 특히 교육에 있어서 이런 일은 너무도 자명했다. 쿠반은 『교사와 기계(Teachers and Machines)』라는 자신의 책에서 이 점을 잘 묘사한다. 이 책은 20세기 '킬러 앱'이 교실에서 어떻게 실패했는지에 대해 전문가적으로 검토한다. 1920년대 슬라이드에서부터 1930년대 교육 라디오, 1960년대 TV 교육방송에 이르기까지, 이런 기술의 기대되었던 '파급효과'는 대체로 그리고 늘 같았다. 쿠반은, '교사가 이 기술을 가끔씩 사용하면서도 그 활용의 양상도 놀랄 정도로 획일적이라 이러한 최고의 아이디어는 점차 생동감을 잃어갔다. 결론적으로 교육에서 기술을 도입한 효과는 거장했던 꿈이 빈혈에 걸린 듯 무기력한 모습'으로 귀결되어 버렸다.[14] 교육에서의 많은 변화는 이런 기술을 활용하면서 생겨났지만, 그것은 개혁가 및 정책가들이 바라던 그런 변화는 아니었다.

마지막으로 우리는 '상식'의 문제가 기술의 변화도, 그렇다고 교육 변화도 아니라는 점을 명심해야 한다. 경고 신호는 무언가 피할 수 없는 상황이 닥치자마자 울려야 한다. 기술 변화는 복잡한 과정이며 교육은 이런 파괴 담론이 제안하는 것처럼 직선으로 쭉 뻗은 그런 경로와는 거리가 멀다. 교육에 있어 그 어떤 디지털 '해법'도 의도치 않은 결과, 부차적 효과, 장기간의 변이와 같이 셀 수 없는 상황들을 반드시 동반한다. 이 모든 것들은 모두 세밀한 조사와 비판을 요구하는 큰 쟁점이 아닐 수 없다.

결론

이 장에서는 두 가지 포괄적인 논점을 제기했다. 먼저, 디지털 교육은 '중대사건'이다. 이는 부인할 수 없다. 교육에서 누구도 이를 간과하거나 소홀히 할 수 없을 만큼 실질적인 변화가 진행 중이다. 하지만, 다음으로 가능한 냉정하고 신중한 태도를 유지해야 하며, 적절하고 비판적인 질문을 던질 준비를 해야 한다. 상대방을 향한 이 모든 수다와 소음에도 불구하고 이 영역은 분명한 것도 드물고 간단히 드러나길 기다리는 대답 혹은 예정된 화법은 거의 없다. 말할 필요 없이, 교육의 디지털 향상/변혁/파괴에 대해 우리는 문제를 제기해야 한다. 즉, 이런 말들로부터 거리를 두고 뒤로 물러나 이들을 액면가 그대로 받아들이지 말아야 한다. 지금부터 우리는 기술과 교육에 대해 제기된 주장을 근본적으로 회의해야 한다. 이런 일에 대해 디지털 기술이 실제 교육 환경 및 교육적 맥락 내에서 어떻게 자리를 찾고 있는지 곤란한 질문을 던져야 한다.

소니아 리빙스턴(Sonia Livingston)에 따르면, 교육에서 기술의 위치에 대해 문제를 제기하는 것은 다음 세 가지 기본 탐구 주제를 다루는 것을 의미한다. 첫째, 실제 무슨 일이 일어나고 있는가? 둘째, 어떻게 설명될 수 있는가? 셋째, 다른 방식으로 될 수 없는가? 기술과 교육에 대해 직설적이지만 도전적인 질문을 던지는 일환으로, 우리는 다음과 같은 좀 더 구체적인 질문을 제기한다.[15]

- 실제 무엇이 새로운 것인가?
- 의도하지 않은 부차적 결과 혹은 부작용은 무엇인가?
- 기대되는 잠재적 성과는 무엇인가? 혹 예상되는 손실은 무엇인가?

- 암묵적으로 갖고 있는 가치 및 의제가 있는가?
- 이 일은 누구의 관심사이고, 누구에게 이익이 되는가?
- 디지털 기술이 해결책으로 제시된다고 할 때 해결하겠다는 사회적 문제는 무엇인가?
- 이런 문제가 '디지털 수선'에 대응해 나름의 해결에서 실마리가 되겠는가?

이 책의 나머지 부분에서는 이런 질문들이 실제 교육을 위한다는 디지털 기술을 둘러싼 논쟁을 통찰력 있고 관련된 방식의 논의로 이끌 것이다. 가까운 미래에 교육을 증진시키는 게 우리의 진심 어린 염려라고 하면, 솔직한 태도로 이런 질문을 제기하기 시작해야 한다. 바로 지금 말이다.

2장

에듀테크,
교육 민주화에 도움이 되는가

도입

디지털 기술의 돋보이는 '장점'은 민주적이고 공정한 교육 방식을 지원할 수 있다는 역량에 있다는 말이 쓰인다. 그러나 이 주장은 자세히 따져봐야 한다. 이 말은 지난 수십 년간 반론이 어려울 정도의 아주 강력한 주장이었는데, 이런 주장을 펼쳤던 사람들은 사회적 이슈에 관심 많은 근대론자로, 자신의 명성을 높이고 싶어 했던 정치인들에게만 국한되지 않는다. 예를 들어, 1990년대 클린턴 대통령(Bill Clinton)은 컴퓨터를 치켜세우며 미국 학교에서 '위대한 평등 장치'가 되리라고 말했다.[1] 20년 뒤 오바마 대통령(Barak Obama)은 교실에 설치되는 와이파이,

노트북, 휴대용 기기 등을 취약계층 아동에게 '중산층에 오르는 길을 앞당길' 수 있도록 해줄 것이라고 했다.[2] 이런 정치적 화법에 따라 민간재단, 자선단체, 봉사기관 등이 수십억 달러를 투입하며 평등과 관련되어 있다는 에듀테크 프로젝트에 투입되었다. 게이츠 재단(Bill&Melinda Gates Foundation)은 다음과 같이 자랑하고 있다. "우리는 가망성을 높이겠다는 가장 위대한 약속이란 최고의 새로운 아이디어를 목표로 한다. 기술의 힘은 사람들을 연결하고, 협력을 증진하며, 학습자와 교사들의 권한을 키우며 기존 질서에 도전장을 내민다."[3] 디지털 교육의 민주적인 잠재성에 대해 특별히 반대하는 사람은 거의 없어 보인다.

그런데 이와 대조적으로 '전통적인' 교육 방식이 그럴 수 있는 만큼 충분히 민주적이라거나 공정하다고, 혹 이에 근접하다고 보는 시각은 분명 드물다. 전 세계의 교육 시스템은 접근성, 참여, 성과라는 측면에서 현저한 격차로 황폐해졌다. 잘사는 국가라고 해도, 고등학교는 누가 입학하는지, 누가 배제되거나 제때 졸업하는지, 혹 못 하는지에 따라 계속 인종 분리적인 특징을 보인다. 마찬가지로,

소위 대학 시스템의 '대중화'는 대학 교육(학부 및 대학원)을 통해 누가 가장 이득을 얻는지에 있어 꽤 오래 지속되어 온 격차를 거의 줄이고 있지 못하다. 정말 많은 사람들이 이전과 비교할 수 없을 만큼 대학에 진학하고 있는 상황에서 전공 유형, 진학하는 학교, 학위의 수준 등에 있어 꽤 분명한 분리가 계속 이어지고 있다. 간단히 말해 대학을 졸업한 사람들의 성공을 예측하는 가장 중요한 변수는 그 사람이 남자인지, 백인인지, 가정 경제 배경이 좋은지 등이며, 대학 교육의 역사 전체를 볼 때도 이전과 다르지 않다.

따라서 교육 접근성, 참여 및 성과는 되풀이되는 사회적 단층선을 따라 엄격하게 구분되어 있다. 예를 들어, 미국에서 저소득층 배경의 학생들은 참여하는 교육 방식 및 이후 발생하는 이득 면에서 상당한 불이익을 겪고 있다. 이런 불이익은 흑인 및 멕시코계 유색인들, 특히 아칸소, 뉴멕시코, 워싱턴 주에 거주하는 유색인 학생들에게 복합적인데, 이들은 미국 전체에서 가장 낮은 졸업률을 보인다. 이런 경향은 미국에만 국한되지 않는다. 다른 많은 국가교육 시스템에서도 이와 유사한 불평등 및 부정의가 지속된다. 이런 문제는 개발도상국 및 산업화 지역을 황폐화시키고 있는 기본적 교육 불평등을 고려할 때 좀 더 복잡해진다. 아직도 5,000만 명 이상의 초등학령 아동이 학교 교육을 전혀 받고 있지 못하다는 사실을 우리는 잊지 말아야 한다. 이런 점을 고려해 보면, 교육을 좀 더 민주적이고 공정하게 만드는 일은 전 세계적으로 긴급하고 절박한 과제가 분명하다.

디지털 기술은 이런 문제를 해결하는 데 논리적 수단을 제공한다. 실제, 지난 40여년 동안 디지털 기술의 발달은 개인의 권한을 강화하고 사람들의 삶을 증진하도록 한다는 약속으로 가득 차 있었다. '개인용 컴퓨터'의 발달이 가져다준 초기의 흥분은 '(이전에는 부유한 기관에만 가능했던 것과 달리) 평균적인 사람들의 손이 미치는 범위 내에' 가져온다는 기대에서 비롯된다.[4]

"디지털 교육은 이전의 정책 및 개혁과 달리 교육 불평등 및 난점을 해결하는 데 더 성공해야 하는가?"

팀 비너스리(Tim Berners-Lee)의 말을 빌리자면, 20년

후 인터넷이 '지금까지의 그 어떤 미디어보다 민주주의에 근본적이고 의사 표현의 자유에 핵심적인 개방적이고 평등하며 탈중심적인 플랫폼'으로 고안되었다.[5] 도대체 이런 야망은 2020년대가 지나가고 있는 상황에서 교육에 왜 아직 실현되고 있지 않은 것일까?

디지털 기술이 교육을 위한 잠재적 새 출발이라는 데 사로잡혀 있다는 사실은 포괄적으로 이해할 만하다. 결국, 디지털 기술이 쉽게 접근하고 모두가 참여하는 교육 방식을 지원할 수 있는 방법은 무궁무진하다. 물적 조건, 개인 배경 혹은 '현실 세계'의 취약성과 무관하게 개인이 디지털 교육으로부터 이익을 얻으려는 이유도 많다. 하지만, 1장에서 추론한 바와 같이 교육 변화는 단순히 상식이라든지 선한 의도의 문제가 아니다. 우리는 좀 더 복잡한 대답을 찾아 고민해야 한다. 디지털 교육은 이전의 정책 및 개혁과 달리 교육 불평등 및 난점을 해결하는 데 과연 더 성공해야 하는가?' 도대체 왜 최근의 디지털 기술이 그토록 오래 지속된 격차와 취약의 패턴을 극복할 수 있어야 하는가? 사람들이 디지털 교육이 이전과 다르다는 점을 믿도록 할 이유는 무엇인가? 이런 고민들 말이다.

에듀테크를 통해
교육 민주화를 증진하겠다는 주장들

앞서 묘사된 것처럼, 교육의 '불공정성'은 아주 오랫동안 다양한 형태로 나타나 왔다. 여기에는 접근성의 불평등이 포함된다. 즉, 모든 사람이 자신의 능력 및 의지의 정도에 상관없이 원하는 교육에 참여할 수는 없다. 물론 교육의 많은 형태가 모든 사람이 접근할 수 없다는 점에서 특징지어지긴 한다. 선발 기준 및 입학 조건은 유치원부터 대학원에 이르기까지 교육 제공에 있어 핵심적인 부분이다. 게다가 학급 규모와 기대되는 '수학 능력' 수준이란 실질적 제한은 교육에 접근하는 데 많은 장애물이 되고 있다. 교육은 특수한 그룹의 사람들이 접근하는 데 불편한 방식, 어쩌면 완전히 불가능한 방식으로 제공되기도 한다. 교육 접근은 비용, 통학, 시간, 문화적 규범, 혹은 사회적 기대 등의 쟁점 때문에 그다지 현실적인 선택지가 아니다. 이와 반대로 교육 기회는 아주 폭넓게 공개되지 않는다.

불평등은 교육에 참여하고 있는 사람들에게조차 지속된다. 특히 누가 경험하고 어떤 성과를 내는가에 따라 이들이 경험하는 교육과 그 성과가 상당히 다르다. 이런 현상은 '참여의 불평등'이라고 하며 자주 언급된다. 예를 들어, 여자, 흑인 혹은 멕시코계 유색인, 장애인, 혹은 노동자 계층 출신 학생의 경우, 학교 및 대학 교육에서의 다른 경험을 하는 경우가 많다. 이런 불평등은 작은 수의 학생들, 예를 들어, 수준 높은 교과를 수강하고 최고 수준의 학습성과로 최상위 학교에 다니고 있는, 그래서 일반적으로 교육적 노력에서 성공했다고 하는 학생들에게서 더욱 두드러진다. 이보다 미묘한 형태의 불평등은 약한 차별, 부정의, 모순이 지속되는 현상이다. 일부 학생들은 자신의 정체성으로 인해 이러한 차별을 경험한다. 교육은 다양하고 파괴적인 방식으로 불공정할 수 있다.

많은 이들의 마음속에서 디지털 기술은 이런 문제들을 아주 쉽게 해결하는 수단이다. 우선석으로 디지털 기술은 교육에 더 쉽고 더 많은 접근성을 제공해 줄 수 있다. 예를 들어, 인터넷은 지난 20여 년간 교육 선택지와 다양성을 비약적으로 늘리는 데 기여했다고 보인다. 온라인 수업, 강좌, 심지어 온라인 학교 프로그램 제공은 현실적 환경과 무관하게 사람들에게 배움의 기회와 범위의 확대를 가능하게 했다. 온라인 수업 및 다른 이러닝 양상은 이제 가장 고립된 개인에게조차 하버드에서 제공되는 강좌를 수강할 기회를, 혹은 산스크리트와 같은 틈새 주제를 공부하게 할 수 있게 해준다. 사람들은 번갈아 가며 온라인에 머물러 자습할지 혹은 유사한 생각을 지닌 다른 사람들과 더불어 배울지 선택한다. 교육은 꽤 오랫동안 대화에 기반하고 공동체적이며 집합적인 과정으로 여겨져 왔다. 디지털 기술은 이런 대화와 협력이 일어나는 가장 이상적인 공간으로 비친다.

둘째, 기술은 좀 더 다양하고 좀 더 편리하며 좀 더 저렴한 교육 참여 수단을 제공하는 것으로 비친다. 이런 점에서 디지털 기술은 이전에 배제되었던 사람들에게 있던 교육 참여의 장애물을 낮추거나 경우에 따라서 완전히 제거해 버릴 수 있다. 기본 경제학 관점에서는, 디지털 기술은 교수 학습을 재정적으로 훨씬 싼 비용으로 제공되게 한다. 다른 방법으로는 불가능한 경우도 많다. 일부 사례에서는 기술 기반 교육은 아무런 비용 없이 제공되기도 한다. 이런 추이 하나만으로도 사람들이 교육에 접근하도록 하는 데 아주 급진적인 변화를 보이는 것으로 여겨진다. 케빈 카레이(Kevin Carey)[i]의 주장처럼, '이런 역사적 발전은 이전에는 없던 새로운 배움을 창출해 내면서 전 세계 수억 명의 사람들을 해방시킬 것이다. 이런 기술 발달은 미국을 떠받치고 있는 능력주의를 뒤엎고 근본적으로 우리 사회가 지식 및 경제적 기회를 창출해 내는 방식을 바꾸도록 할 것'이다.[6]

디지털 기반의 서비스 제공은 교육에 참여하는 개인을 가로막을 수 있던 많은 상황적 장애물을 줄여줄 수 있으리라 보인다. 이런 것들에는 가족 및 돌봄 책임, 시간과 여행 제한, 노화 혹은 장애에 따른 신체적 영향, 고용 제약 등이 있다. 좀 더 미묘한 수준에서 디지털 기술은 개인이 교육에 참여할지 결정해야 할 때 맞닥뜨리게 되는 많은 성향에 따른 기질적 장애물을 감소시키는 듯하다. 예를 들어, 자신감 부족이라던가 공교육에 대한 이전의 부정석 경험 등이다. 대체로 많은 비평가들은 기술 기반 교육을 전통적으로 전면적인 면대면 교육 제공 방식보다 더 편리하고, 좀 더 동기부여를 촉진하며, 좀 더 참여하게 유도한

---

i. (역자주) 미국 고등교육 정책을 분석하고 글을 쓰는 작가.

다고 여긴다.

 이런 방식에 있어 디지털 교육은 더 많은 사람들이 교육에 참여하도록 돕고 학습의 결과로 얻는 이익을 강화하게 한다고 알려져 왔다. 이렇게 교육 참여를 확장하는 것은 최근 많은 기술 동향으로 촉진된 듯 보인다. 예를 들어, 교육 접근성의 확대는 인터넷이 가능한 스마트폰의 보유자 수가 늘어난 것과 관련이 깊다. 특별히 컴퓨터 보유 수준이 전통적으로 낮은 지역에서 더 그렇다. 교육 기회의 제공은 수동적인 온라인 교육 내용 소비를 중계하는 모델에서부터 좀 더 적극적으로 '읽고 쓰는' 참여 방식으로까지 계속되는 인터넷 재구성으로 확대되고 있다. 이런 디지털 활동 및 플랫폼과 함께 디지털 교육의 고유한 '공정함'은 디지털 기술 발달로 계속해서 커지는 개방성으로부터 나오는 것처럼 보인다. 즉, 이런 개방성은 '크리에이티브 커먼스(저작물 사용 허가)'와 '오픈 소스(소프트웨어 소스 프로그램 공개)'의 정신에 따라 교육 내용은 자유롭게 배포되고, 수정, 변경, 재사용하는 것을 수월하게 한다. 많은 이들에게 이런 디지털 참여 모델은 교육이 제공될 수 있는 방식의 획기적 변화를 구성한다. 예를 들어, 저작권, 가격표시, 교육기관의 제한적 공급 및 독점적 이익, 출판사와 평가위원회 등과 같이 등록상표가 붙은 관념에 직접적인 도전을 가하고 있다.

'오픈 코스웨어'에서 '홀인더월(Holes-in-the-Wall)'에 이르기까지: 민주적 디지털 교육의 사례들

이런 민주화 잠재력이 보이는 실제 사례는 아주 많다. 아주 잘 알려진 것으로는 무크(MOOCs: 대규모 오픈 온라인 강좌, Massive Open Online Courses의 준말)의 등장이다. 무크는 대학과 연계되어 제공되는 강좌로 아주 적은 금액 혹은 아무런 비용을 받지 않고 온라인 학습자들에게 강좌를 제공하고 있다. 2010년대 유데이시티(Udacity), 에덱스(edX), 코세라(Coursera), 퓨처런(Futrelearn)와 같은 강좌 제공사들의 등장을 거치며 무크는 당시 멀리 떨어져 있는 수천 명의 학생들에게 대학 수준의 교육을 제공한다고 알려졌다. MIT의 컴퓨터 공학 교수이자 세계에서 가장 큰 무크 제공사의 회장인 아난트 아가르왈(Anant

Agarwal)은 다음과 같이 말한다.

무크 운동은 교육을 민주화한다. 과거에 명문 대학들은 깔때기를 들고는 지원자들 중 상위 몇 퍼센트의 학생들만을 받아들였다. 아주 처음부터 제대로 된 경제적, 언어적 배경이 없는 많은 학생들은 이런 학교에 들어가는 것이 불가능했다. 우리는 이 깔때기를 뒤집으려 한다. 우리는 모두에게 시도해 볼 것을 말한다. 당신이 해결할 수 있다면 우리는 당신에게 완수했다는 이수증을 수여할 것이다.[7]

온라인 학습의 세계에서 이전에는 없던 수준의 홍보가 이뤄지면서, 무크는 '개방된 교육자료'의 첫 사례가 아니었다. MIT에서 개시된 '오픈 코스웨어' 프로그램은 초창기에 이 분야에서 가장 유명한 선구자였다. 2000년대가 시작하면서 MIT는 대학교에서 만든 온라인 교육자료를 공짜로 접속해 이용할 수 있도록 결정했다. 수천 개의 대학들이 자기 학교의 강좌 내용을 아이튠즈유(iTunes U), 아카데믹어스(Academic Earth), 유데미(Udemy)와 같은 서비스를 통해 공짜로 이용할 수 있도록 하는 등 MIT의 사례를 좇았다. 이런 일이 있고 이후 10년이 지나 MIT는 2,000개의 대학 강좌에서 만들어진 교육 내용을 전 세계 1억 명이 접속해 이용했음을 알게 되었다. 그러자 대학은 2021년까지 이 수치를 10배 늘리겠다고 목표를 세웠다. '전 세계적으로 인간 잠재력과 이를 실현할 수 있는 기회 사이의 간격을 줄여, 어느 곳에 살든 자기 삶을 증진시키고 더불어 세상을 변화시키도록 하겠다'라는 목표 말이다.[8]

이런 고등교육에서의 구상과 함께, 인터넷을 통한 의무적 학교 교육을 가능하게 하려는 노력이 쏟아졌다. 전 세계의 의무교육 시스템에서 온라인 강좌와 '사이버 학교'가 점차 늘어나고 있다. 예를 들어, 미국에서 대부분의 주는 교육청 단위의 온라인 프로그램뿐만 아니라 개별 사이버 학교를 지원하고 있다. 교육청 단위의 온라인 프로그램에서는 학생들의 수업 중 적게는 20%, 많게는 80%까지 인터넷으로 진행된다. 현재 315,000명의 미국 학생이 완전히 온라인으로만 진행되는 주 단위 사이버 학교에 등록해 있으며, 거의 100만 명의 학생들은 매년 일반 교실 수업과 마찬가지로 온라인 수업을 함께 듣고 있다.[9] 이렇게 온라인 수업 제공은 이전에는 학교에 접근할 수 없었던 아동 및 청소년들에게 고급 학교 교육을 가져다주는 것처럼 보인다. 미국에서 온라인 학교 교육을 제공하는 가장 큰 회사는 이렇게 말하고 있다.

'우리는 어떤 학생이라도 어디 사는지, 가정 배경이 어떻게 되는지 상관없이 공립학교 교육을 받게 할 수 있다. 바로 이 점 때문에 온라인 차터스쿨이 모든 공립학교 중 가장 공적 이익에 부합한다고 설명되는 이유다.'[10]

디지털 기술이 기존의 학교 교육에 접근할 수 있는 대안을 제공할 수 있다는 아이디어는 개발도상국들에서도 큰 관심을 가져왔다. 자주 거론되는 사례를 보면, 2013년 1백만 달러 상금의 테드상(TED Prize)을 수상한 이후 유명세를 탄 수가타 미트라(Sugata Mitra)의 이야기다. 미트라는 1990년대 말, '홀인더월(Hole-in-the-Wall)' 프로젝트를 시작했다. 인도의 가난한 마을 몇 곳에 인터넷이 되는 컴퓨터를 벽에 달아 시멘트로 고정해 놓았다. 이 마을에 있는 컴퓨터는 동네 아이들이 자기만의 기술 기반 배움을 스스로 만들어갈 수 있는 도구가 되기를 바라는 마음에서 누구도 옆에서 지켜보거나 따로 가르치지도 않았다. 미트라의 초기 노력은 나중에 소위 '스쿨 인 더 클라우드(School in the Cloud)' 프로젝트로 진화, 발전했다. 이 프로젝트는 스카이프를 활용해 멘토 봉사자와 함께 가난한 마을에서 이뤄지는 수업을 연결하고 전 세계 온라인 학습자료들을 얻을 수 있도록 했다. 이 프로젝트 홍보 책자에서 볼 수 있듯, '부잣집 아이든 가난한 집의 아이든 상관없이 누구라도 온라인으로 정보를 얻고, 그 정보를 공유하고, 서로의 배움을 멘토링할 수 있다.'[11] 아주 야심만만한 프로젝트라는 점에서, 미트라의 구상은 전 세계 개발 협력 분야에 큰 영감을 불러일으켰다. 예를 들어, 사하라 이남에서 '프로젝트 포올(Projects for All)' 자선재난은 마을이 만들고 마을이 소유하는 인터넷 접속 키오스크(Hello Hubs) 설치를 지원하고 있다. 이를 위해 각 마을에 컴퓨터, 서버, 와이파이 접속을 제공하고 있다.[12] 이런 기술을 각 마을의 청소년 및 교사 들이 교육적으로 활용할 수 있도록 태양광을 이용하는 허브가 특수하게 고안되기도 했다.

개발도상국에서 디지털 기술을 활용해 교육 기회를 민주화하려는 또 다른 야심 찬 사례는 '학생 한 명당 노트북 하나(One Laptop Per Child, OLPC)' 구상이다. OLPC는 MIT 교수였던 니콜라스 네그로폰테(Nicholas Negroponte)[ii]가 2000년대부터 선도적으로 추진했던 비영리 기획이다. 이 구상에 따라 저비용 저사양의 노트북 혹은 태블릿 컴퓨터를 디자인하고 개발하게 되는데, 대부분은 소위 100달러짜리 노트북이었다. 이런 노트북은 전 세계에서 가장 가난한 지역의 학교에 제공되어 왔는데, 대략 30개국 이상의 지역에서 250만 개 이상의 노트북이 제공되었다. OLPC의 사명을 담은 문구인 '교육을 통해 전 세계 가장 가난한 아동의 권한을 강화한다'는 아주 직설적이다.[13] 홀 인 더월, 헬로우 허브스, 오픈 코스웨어와 마찬가지로, 디지털 자료에 접근하도록 하는 일은 지금까지 이런 자료에 접근하지 못했던 개별 학생들에게 교육 내용을 자율적으로 학습하고 다른 이들과 협력하게 하는 즉각적인 조치를 제공하였다.

---

ii. (역자주) 그리스계 미국인 컴퓨터 과학자로, MIT 미디어 랩의 설립자이자 디렉터. 그가 쓴 『디지털이다(Being Digital)』는 1990년대 중후반 한국어로 번역되어 베스트셀러가 된 책으로, 디지털 전환 시대를 예견한 선구적 저작이다.

이런 사례들은 교육의 형평성 및 기술이 맞닿는 영역에서 희망과 오만함 사이의 가느다랗고 아슬아슬한 줄타기를 시도하게 한다. 이런 긴장은 아마도 디지털 교육 구상이 인도주의적 재앙에 대응해 뭔가 서둘러 일을 해야 할 때 가장 분명하게 드러난다. 2010년 아이티 지진이 일어났을 때, 컴퓨터 프로그래머들에 의해 OLPC 노트북 후원과 다양한 '핵 포 아이티(Hack for Haiti)' 구상(일부 기술주의자들 표현에 따르면 '자발적인 일꾼들의 선행(random hacks of kindness)'이라고도 함)이 박차를 가했다. 지진 이전 전체 인구의 1%도 안 되는 사람들만 인터넷에 접속할 수 있었던 것에 견주어 볼 때, 이제는 아주 많은 에듀테크 지원이 이 섬나라에 이뤄지게 된 것이다. 여기에는 인텔이 지원하는 '아이티 재건 디지털 문해(Digital Literacy for Haiti Rebuilding)', '아이티학교네트워크(Haiti Connected Schools)' 프로그램이 지원하는 40개의 대양광 컴퓨터실 건축 등이 포함된다.[14] 또 다른 최근 사례를 들어보자. 중동과 사하라 이남 아프리카의 분쟁 지역에서 세워진 난민 캠프 내 일련의 에듀테크 프로젝트다. 야심 찬 사업의 수행으로 이어졌는데, 예를 들어, 저렴하고 자그마한 컴퓨터의 서킷보드가 프로그래밍과 코딩 기술을 가르치는 데 활용되기 위해 시리아 난민 캠프에 제공되었다.[15] 좀 더 독특한 사례로는 소말리아 내전으로 황폐화된 이주 난민들에게는 무크가 제공되었다.[16] 이런 노력을 기술하면서 많은 기술자 및 교육가들은 디지털 기술이 가져다 줄 잠재력은 한계가 없다고 생각한다.

대단한 변화 만들기?
민주화하는 기술 파급력의 증거

이들 프로젝트, 프로그램, 지원구상 대부분은 더할 나위 없이 좋은 의도로 실행되었다. 따라서 이들의 효과가 어떠했는지를 따져 묻는 것은 무례하고 비열해 보일 정도다. 즉, 디지털 교육을 옹호하는 사람들은 이런 일이 불러일으키는 구체적인 성공과 '좋은 소식(복음)'을 재빨리 짚어내고자 할 것이다. 방금 기술한 많은 사례들은 디지털 교육을 증진하도록 자주 인용되는 아주 진부한 성공담들이다. 미트라는 자신의 홀인더월을 이용해 인도 남부의 외진 어촌 마을 아이들이 스스로 공부한다면 대학의 생명과학 분야 학기말 시험에서 30점 이상을 얻는 데 75일이면 충분했다는 사례를 즐겨 사용한다. 유사하게 MIT에서 제공되는 초기 무크 강좌를 15살의 몽골 학생이었던 바투쉬그 마얀간바야르(Battushig Myanganbayar)가 섭렵했다. 〈뉴욕타임스〉는 '울란바타르의 천재 소년'이란 제목으로 이 일을 다루면서 미얀간바야르는 무크에서 만점을 받았다고 소개되었고 이후 보스턴의 MIT 학부과정에 입학하게 되었다. 이 일로 미얀간바야르의 삶이 변화되었을 뿐만 아니라, 그는 MIT 교수진들에게 무크 제공을 어떻게 하면 증진할 수 있을지에 대해 조언하도록 요구받기도 했다. 이러한 가슴이 따뜻해지는 이런 이야기들로 인해 우리는 디지털 제공이 교육 참여에 큰 변화를 만들어 왔다는 아주 구체적인 사례를 쉽게 접하게 된다.

물론 이런 일화들은 지속적인 경험자료와 분석에 대체불가능한 것들이다. 안타깝게도 디지털 교육 제공이란 방식과 디지털 교육 참여에 대해 엄밀한 조사를 해보면, 이들 방식이 교육을 민주화하고 있다는 '효과'는 발견해 내기 쉽지 않다. 예를 들어, OLPC 프로그램에 대해 수행된 몇몇 연구 보고에 따르면 OLPC는 학생들의 학업성취도에 거의 혹은 전혀 상관없다. 실제 이를 대상으로 수행된

독립연구가 거의 없는 상황에서 말이다. 이런 기기가 현장에서 어떻게 사용되고 있는지에 주목한 몇몇 연구에 따르면, 나름대로 소득이 높은 계층 자녀들이 OLPC 기기를 가장 잘 활용하고 있었다. 이들 아동은 가난한 가정의 아동보다 상대적으로 비싼 이런 기기를 훼손하고 또 고장내는 것에 대해 가정으로부터 더 많은 지원, 지지를 받고 있었다.[17] 이와 유사하게, 홀인더월 프로그램 이후 수행된 몇몇 독립 연구는 '낮은 수준의 배움', '거의 작동하지 않는' 인터넷 연결, 영어 이외의 언어(예를 들어, 힌디어 등)로 제공되는 교육자료의 빈곤으로 혜택을 별로 받지 못하는 아동에 대해 기술하고 있다. OLPC와 OTOL(One-to-One Laptop) 프로그램에서 다양한 경험을 한 연구자인 워쇼어(Mark Warschauer)는 다음과 같이 결론짓고 있다. '(스마트 기기의) 최소한 개입을 통한 침투적 교육은 현실에서 교육에 미치는 효과 또한 최소 수준에 머무른다.'[18]

이런 실망스러운 결과는 디지털 교육의 다른 방식에도 그대로 나타난다. 예를 들어, 무크의 경우, 학습자 자료와 등록 정보를 분석해 보면 이런 온라인 강좌는 교육적 특권 및 배타성을 극복하기는커녕 오히려 더 강화하고 있었다. 다양하고 광범위한 학생을 포함하는 빅데이터를 분석해 내놓는 1면 머리기사 이외의 내용을 보면, 무크에 참여하는 대부분은 젊고, 교육 연한이 긴 유럽 및 북미에서 대학원 이상의 학위를 소한 사람들이다. 이들은 무크의 강좌를 좀 더 전문적인 기술을 익히는 데 사용하고 있다.[19] 스미소니안(Smithonian)은, '온라인 강좌는 실제 교육을 민주화하지 않는다. 무크 이용자의 80%는 전 세계에서 가장 부유하고 가장 잘 교육받은 상위 6%의 사람들이다.'[20]라고 말했다. 무크 강좌가 진행되는 동안 계속 참여하는 무크 '등록생'의 비중이 아주 작다는 점을 고려해 보면 상황은 더 심각하다. 평균 무크에 대략 43,000명이 등록한다고 보고되는데, 무크에서 제공되는 코스를 실제 완료하는 비율은 대략 4~8% 정도에 지나지 않는다. 잘해야 말이다. 다시 말하지만, 이런 개인들은 대체로 교육 수준이 매우 높고, 서구에 거주하며, 소득 수준 또한 높다는 배경을 가진다.[21]

'일반적인 용의자'(이미 포괄적으로 교육에 참여하고 있는 사람들)를 끌어들이는 온라인 교육의 경향은 반복적으로 확인되고 있다. 2000년대 이후 영국 성인 47,000명의 인터넷 사용 경험을 분석한 연구에 따르면, 인터넷 접속은 지난 10년간 66%가 증가했지만, 사람들의 교육 참여 성향은 그렇지 않았다. 형식 혹은 비형식 교육에 참여하는데 인터넷을 활용하는 개인들은 대체로 젊다. 이들은 이미 일정한 교육에 참여하고 있고 상대적으로 혜택을 받는 사회경제적 배경을 가진 출신들이다.[22] 이런 결과는 온라인 강좌와 교육자료가 교육 참여의 수준을 높인다는 점을 부인하지 않는다. 하지만 온라인 교육이 이전에 소외되고 취약한 계층, 교육 기회에서 배제되었던 개인 및 사회집단에 교육 참여를 확대한다는 주장을 뒷받침하지도 않는다.

디지털 교육에 대한 사람들의 경험은 사회계층, 인종, 장애 유무 등에 따라 그 양상이 크게 다르다는 증거가 점점 많아지고 있다. 이런 연구들은 온라인 학습환경이 개인 간 차이를 자연스럽게 줄여주지 않는다는 식으로 지적한다. 미국 사회학자인 트레시 코톰(Tressie M. Cottom)[iii]

---

iii. (역자주) 미국 노스캐롤라이나 채플힐(North Carolina Chaple Hill) 대학교에서 교육정책, 인종, 젠더, 디지털 기술과 사회 불평등의 교차점을 비판적으로 분석하는 사회학자이자 교수.

은 흑인 및 다른 소수계 학생의 온라인 학습경험에 관한 연구를 수행했다. 이 연구에 따르면, 이들은 온라인 학습 자료를 얻고 이해하고자 할 때, 자신의 문화적 배경을 온라인 학습경험에 거의 활용하지 못한다. 코톰은 온라인 시스템이 자기 주도적이고 고도로 능력 있는 개인이라는 '규범'에 따라 디자인, 설정되어 있다고 지적했다. 이들은 온라인 학습환경에서 장소, 문화, 역사, 시장, 불평등 체제와 완전히 분리되어 있게 된다.[23] 온라인 학습 시스템(과 온라인 수업을 듣는 학생의 일부)은 이런 규범에 순응하지 않는 학생을 만나게 되는데, 이들은 이런 상황에서 문제에 직면하게 된다. 직설적으로 말해 온라인으로 학습할 때, 누가 학습하고 있는지는 여전히 큰 문제다. 흑인으로, 여성으로, 가난하거나 혹 신체, 정서, 인지적으로 장애를 가진 사람들의 사회적 취약성은 이들이 인터넷으로 학습할 때 간단히 사라지지 않는다.

따라서 전반적으로, 디지털 기술을 통한 포괄적 교육 민주화는 일관된 증거로 뒷받침되지 않는다. 취약한 개인이 디지털 교육에 참여하는 것으로 의심할 여지 없이 뭔가를 배우기는 하겠지만, 그 효과가 모두에게 같은 정도로 반복적으로 재현되는 것은 아니다. 디지털 기술이 상황을 악화시키는 것은 아니라고 해도, 반대로 뭔가 더 낫게 만드는 것 또한 아니다. 온라인 학습, 무크 등에의 참여 및 그로 인한 혜택이 제한적인 양상을 보인다는 점은 '마태효과'[iv]로 알려진 양상을 반복한다고 할 수 있다.[24] 초기 이점을 가진 사람이 반복적으로 확대 증식하는 이런 현상은 사회의 다양한 영역, 특히 과학, 기술, 정치 등의 영역에서 발견된다. 따라서 우리는 디지털 교육이 광범위하게 전례를 따른다는 사실에 그리 놀랄 필요가 없다. 켄타로 토야마(Kentaro Toyama)는 다음과 같이 결론짓고 있다.

만약 교육 불평등이 주요 문제라면, 그 많은 디지털 기술 중 어느 것도 이 문제의 방향을 바꾸지 않을 것이다. … 기술은 부와 성취에 있어 기존 차이를 오히려 강화한다. 더 많은 단어를

---

iv. (역자주) Matthew Effect, '무릇 있는 자는 받아 풍족하게 되고 없는 자는 그 있는 것까지 빼앗기리라'라는 성경 저자 마태의 성구에서 유래된 것으로, 부나 명성에 있어서 부유한 개인은 점점 더 부유해지고 가난한 개인은 점점 더 가난에 시달리게 되는 부익부 빈익빈 현상을 의미한다.

알고 있는 아이는 위키피디아에서 더 많은 정보를 얻게 되며, 행동 문제를 지닌 학생들은 비디오게임으로 그 산만함은 더 커질 것이다. 부유한 부모들은 자녀들이 디지털 기기를 프로그램화하는 방법을 배울 수 있도록 별도의 비용을 지불하겠지만, 다른 아이들은 단지 디지털 기기를 활용하는 수준에 머물 것이다. 학교에서의 기술은 기회를 위한 운동장을 평준화하겠지만, 평준화된 운동장은 그 운동장에서 뛸 선수들의 기술을 향상시키는 것과는 아무런 연관이 없다. 결국 교육은 선수들의 기술을 향상시키는 것이 핵심 아닌가?[25]

디지털 민주주의가 실패하는 이유

종합적으로 디지털 교육은 전체적으로 '공정'한 민주주의를 이끌지 않는다. 부유하고 동기 수준이 높으며, 이미 교육을 잘 받은 계층을 위한 기회가 늘어나는 것은 '상대 계층을 좀 더 낫게 한다'는 급진적 이상, 즉 '거대한 평형 장치' 혹은 '깔때기 뒤집기'가 실현되는 데 한참 못 미친다. 디지털 교육의 약속과 실제 성과 사이의 차이는 결코 무시될 수 없다. 대신, 우리는 도대체 왜 디지털 기술의 민주적 잠재성이 종국적으로 거의 성취되지 않는지를 설명해야 한다. 간단하게 답할 수 있는 문제는 아니지만, 디지털 민주주의의 상대적 실패는 디지털 기술을 통해 성취될 수 있는 것에 대해 상이한 이해 및 기대와 관련된다. 최소한 부분적이라고 하더라도 말이다.

디지털 교육의 민주적 잠재성을 이해하는 데는, 어떤 부류의 '공정성' 어떤 의미의 '민주주의'가 논의되어야 하는지에 대해 먼저 분명히 짚고 넘어가야 한다. 특히, 형평성(equality)과 평등(equity)의 본질적인 차이에 대해 크게 관심을 기울여야 한다. 형평성이란 말은, 한 사람이 온전한 삶을 사는 데 필요하다고 여겨지는 똑같은 것을 모두가 얻을 수 있도록 하려는 욕구와 관련된다. 따라서 디지털 교육에서 형평성은 모두가 디지털 기기를 통해 교육에 접근하고 참여하는 데 똑같은 기회를 가지게 하는 데 관련된다. 이런 식으로 생각하면 교육을 좀 더 '공정하게' 만들겠다는 취지로 이 장에서 개괄한 여러 시도가 강조된다. 예를 들면, 모든 청소년들에게 디지털 기기를 나눠준다거나, 무상으로 온라인 교육 자료를 배포한다는 등과 같은 내용이 여기에 해당한다. 이런 구상들은 일반적으로 모두에게 공정한 (디지털) 기회를 제공하는 것으로 보인다.

아마도 모두가 같은 장소에서 출발하고, 또 각자가 필요로 하는 것이 유사하고, 각자가 원하는 성공을 이루는 데 요구되는 것이 유사하다면 이런 접근은 아주 잘 작동할 것이다. 하지만 이런 환경을 똑같이 받아들일 수 있는 상황이란 실생활에서는 없다. 사회를 구성하는 아주 많은 사람들은 다양한 형태의 취약함과 배제를 당하고 있다. 따라서 단순히 디지털 교육에 똑같은 기회를 제공한다고 '공정함'이라던가 '민주주의'를 기대하는 것은 말이 안 된다. 이 장의 시작 부분에서 개괄했던 교육에 잔재하는 '불공정함'은 사회의 일반적인 불평등을 그대로 반영하고 있다. 간단히 말해, 모두가 같은 선택권, 같은 선택지를 갖는다고 가정하는 것은 순진하기 그지없는 태도다. 아주 진지하게 불평등을 감소하려 한다면 디지털 교육의 균등한 방식을 개발해 내는 방향으로 좀 더 나아가야 한다.

디지털 교육의 균등한 접근은 각자가 온전한 자기 삶을 사는 데 필요로 하는 것(그것이 서로 다르다고 해도)을 얻을 수 있도록 하는 데 관심을 기울인다. 사람들이 처한 환경에 따라 달라지는 요구와 조건들이 아주 중요하지 않을 수 없다. 이는 '사회정의' 사상과 관련된 것으로 철학자 존 롤즈(John Rawls)가 대중화시킨 것이다. 모두에게 같은 기회를 제공하기 위해 애쓰는 대신, 사회정의는 개인이 유사한 환경 및 유사한 능력을 가진 사람들과 비교해 자신의 잠재력을 발견할 수 있는 효과적이고 형평성 있는 기회를 가질 수 있도록 해야 한다는 점을 강조한다. 여기서 핵심은 이미 불리함을 갖고 있는 사람들에게 이런 불리함을 극복해 낼 수 있는 적절한 지원이 함께 제공되어야 한다는 점이다. 이는 흔히 '기회의 재분배' 혹은 '사회적 약자 우대 정책' 혹은 '긍정적 차별'로 불린다. 디지털 교육의 형평성 있는 형태는 가장 취약한 학생들에게 기기를 제공하는 것을 포함하는 것뿐만 아니라, 이를 효과적으로 활용하는 방법을 가르치고, 혹 발생하게 되는 기술 및 기기와 관련한 문제점을 해결하도록 지속적인 지원을 제공하며, 배움을 이어가는 데 소요되는 재정 지원 또한 포함한다.

분명한 것은 이 장에서 개괄적으로 서술한 디지털 교육 구상이 지향해야 할 '민주적' 형태의 많은 부분은 평등보다는 형평성의 문제에 더 큰 초점을 두고 있다는 점이다. 이렇게 되면 디지털 교육에 참여하는 학생들은 기존 불평등 및 갈등을 극복한다거나 마태효과라는 대세를 거스르기가 어렵다. 권력을 쥐고 책임감을 발휘해야 하는 자리에 있는 사람들은 개인이 자기 능력을 발휘하고 열심히 노력해 성공할 수 있도록 동등한 접근, 동일한 기회를 제공한다는 아이디어를 비교적 편안하게 지지한다. 결국 '모든 사람은 동등하게 창조되었다'라는 말은 민주주의와 개인의 자유에 대한 서구의 역사적 이해에 기반한다. 이와 대조적으로, 누군가 다른 이보다 앞서나가도록 한다는 아이디어는 다른 많은 지역에서 그다지 편안하지 않은 접근이다. 이를 가장 필요로 하는 사람들에게 나름 도움이 된다고 하더라도 말이다. 자유지상주의 및 자유시장 옹호론자들은 이런 식으로 개입하는 것을 쓸데없다거나 말이 안 되는 상황이라고 여긴다.

따라서 디지털 교육의 그 어떤 '민주적' 잠재성은 많은 사회에서 개인의 자유 추구와 사회 평등 사상 사이에 지속되는 긴장으로 인해 종종 협상의 대상이 되곤 한다. 게다가, 효과적인 교육 참여에는 단순히 교육 접근성을 해결하는 것 이상의 요소가 관여된다. 여기서 핵심은 소위 '조건의 평등'이 지닌 복잡한 성격이다. 간단히 말해, 교육이 '좀 더 공정하게' 되기 위해서는, 그리고 사람들이 동등한 수준으로 역량을 갖추고 정치적 권한을 행사하는 '진정한 선택지'를 누리게 하는 데는 정말 많은 것들이 필요하다.[26] 여기에는 다양한 형태의 불평등, 즉, 소득, 자원, 사회 네트워크 및 사회관계, 시간 압박, 건강, 가족의 요구, 작업 여건의 불평등이 포함된다. 또한 똑같은 권리를 가진 개인이 얻게 되는 이익의 정도, 돌봄, 사랑, 연대를 위한 기본적 인간 필요에 있어 충족되는 정도의 차이를 덜 가시적으로 만드는 문제가 포함된다. 말할 필요 없이 온라인 강좌 및 100달러짜리 노트북만을 통해 전달될 수 없는 것은 너무도 많다.

결론

이런 경고의 문구를 알게 되었다면, 교육이 디지털 도

구를 통해 세상을 좀 더 '민주적'이라거나 '공정하게' 만들겠다는 노력이 얼마나 순진하고 미흡한지 알게 된다. 물론 기술이 교육에서 민주적 힘이 되는지 그렇지 않은지를 결정하는 것은 각자의 가치 및 이념에 달려 있다. 누군가 기본적인 기회와 접근을 증진하는 것이 중요하다고 믿는다면 디지털 교육은 분명히 '좋은 것'이다. 하지만 '(이런 기회와 접근을 통해 생기는) 자연스러운' 결과로써 누가 '승자'가 될지, 혹 '패자'가 될지의 문제, 즉, 흔히 '능력주의'라고 언급되는 신념에 대해서는 크게 신경 쓰지 않는다. 만약 누군가 디지털 시대에 지속되는 도무지 받아들일 수 없는 불평등 수준을 고민한다면, 디지털 기기를 똑같이 나눠주는 것 이상의 뭔가 더 많은 조치를 해야 한다. 이는 앞서 잠시 언급한 것처럼 '사회정의'에 관한 것이다. 칼와트 보팔(Kalwant Bhopal)과 파르자나 쉐인(Farzana Shain)은 이를 이렇게 쓰고 있다.

> 사회정의는 교육 서비스를 배분하고, 교육의 접근성을 균등하게 만드는 것만 의미하지 않는다. 물론 이런 것들도 중요하다. 하지만 "사회정의는 제공하는 서비스의 특성 그 자체와, 시간

을 가로질러 사회에 발생하는 결과에 큰 관심을 기울인다."[27]

다른 말로, 사회적으로 정의로운 관점에 따른 교육의 민주화는 접근 및 기회 제공 이상을 요구한다. 학습자가 디지털 교육에 참여하는 동안 일어나는 일, 그리고 디지털 교육에 참여한 결과로 생기는 일에 더 많은 관심을 기울여야 한다. 이런 조건에 따르면, 디지털 교육은 민주주의와 특권의 특정 형태를 강화하고 또 재생산한다. 물론 불평등과 사회적 취약이 띠는 특정 형태 또한 그렇다. 누군가 교육 기회의 다양성을 증진시키고자 도구적 행위 너머를 내다본다면, 기술이 가져다준다는 민주적 효과에 환호할 이유는 거의 없다.

평등 및 사회정의는 아주 복합한 사안으로 디지털이란 것을 훨씬 넘어선 것들이 요구된다. 따라서, 교육을 '공정하게' 하려는 가장 실질적인 접근은 사회를 '공정하게' 만드는 데 초점을 두어야 한다. 빈곤, 편견, 차별과 같은 근본적인 사안을 다루는 일이 디지털 교육 민주화를 논의하는 것에 늘 선행해야 한다. 교육철학자 더글라스 켈러

(Douglas Kellner)는 이를 다음과 같이 정리하고 있다.

> 기술 자체가 필수적으로 교수 학습을 향상시키지 않는다. 더욱이 격심한 사회경제적 차별을 극복하지 않는다는 점 또한 명백하다. 교육에 대해 제대로 된 재정향 없이, 적절한 자원, 교수법, 교육 실천의 제공 없이 기술은 진짜 배움에 장애가 되거나 부담이 될 것이 뻔하고, 더 나아가 기존 권력, 문화자본, 경제적 부의 차이를 극복하기보다는 오히려 강화할 것이다.[28]

이런 논지가 디지털 기술이 지닌 민주적 잠재성을 완전히 포기해야 한다는 뜻은 아니다. 기술은 말할 필요 없이 다수가 당면하고 있는 제한된 선택지를 확장하도록 대안을 제공하고 있다. 그러나 여기서 주장하는 바는 디지털 교육이란 말로 던져지는 약속은 불평등과 사회적 취약성이 지닌 복잡한 성격을 다룰 때 훨씬 더 실질적이어야 한다는 것이다. 디지털 기술이 사회적 취약성을 극복하도록 하는 데 부분적 해법이 될 가능성은 있다. 하지만 디지털 기술 자체가 해법으로 논의되고 비쳐서는 안 된다. 세상이 흑백 양자를 결정하는 일 중 하나라면 나름 꽤 괜찮게 들리는 제안일지 모르겠지만, 세상은 그렇게 단순하지 않다. 디지털 교육 기치를 둘러싸고 있는 현재의 과대 선전과 희망 사이에서 우리는 쉽게 길을 잃을 수도 있다.

3장

에듀테크, 개별화교육을 가능하게 하는가

도입

디지털 기술은 흔히 개인이 원하는 것이나 필요한 것을 수행하도록 지원할 수 있다는 이유로 판매된다. 이러한 정서는 IT산업의 인상적인 영업 전략 배경에 자리 잡고 있다. 예를 들어, 마이크로 소프트의 '오늘 어디 가고 싶으십니까?(Where Do You Want To Go Today?)', 후지츠의 '가능성은 무한하다(The Possibilities Are Infinite)', 애플사의 '다른 것을 생각하라(Think Different)'와 '최고가 될 수 있는 힘(The Power to be your best)' 등을 들 수 있다. 디지털 기술이 개인적인 요구와 열망에 맞춰서 조정된다는 아이디어는 실제 기기의 특성과 형태에 내재되어 있다. 예를 들어, 컴퓨터나 스마트폰 사용자는 기기의 다양한 기능을 개인화할 수 있다. 스크린세이버, 배경 화면, 색상 구성, 아이콘 및 폰트 등 끝없이 사용자가 지정할 수 있으며, 사용자들은 벨소리, 오류 메시지, 기기의 조명, 진동, 시작과 종료 방식도 재구성할 수 있다. 디지털 하드웨어의 경우, 앱 설치, 소프트웨어 프로그램을 추가할 수 있는 칩, 메모리 카드, 다양한 케이스, 플러그인 및 기타 추가 설치 앱을 통해서 기능을 강화할 수 있다. 이처럼 일단 스마트폰, 태블릿, 컴퓨터 등은 포장재에서 꺼내고 나서부터는 대량 생산된 소비재가 아니라 친밀한 개인적인 소유물로 느껴지도록 설계되어 있다.

디지털 기기가 가진 맞춤형 특성은 현대 사회와 문화의 전반에 걸친 보편적인 변화의 양상이다. 1980년대 전반에 걸쳐서 맞춤형 서비스를 판매하는 산업이 성장했고 1990년대와 2000년대 들어서는 개인화가 정부와 공공 서비스로 확산되었으며 이제는 일상생활에서 흔히 볼 수 있는 특성이 되었다. 이러한 '개별 맞춤형' 특성은 다양한 형태로 나타난다. 먼저 '고객 친화적' 인터페이스와 사람들이 서비스를 탐색할 수 있는 방식에 대한 선택의 폭을 넓힐 수 있는 유사한 방법들이 있으며, 한편으로는 개인이 서비스를 '공동 설계'하고 '공동 생산'할 수 있도록 하는 활동들도 존재한다.[1] 이러한 모든 '개별 맞춤형' 유형은 동일한 목표나 결과에 도달하기 위해서 서로 다른 사람들이 서로 다른 방식으로 일을 할 수 있도록 허용할 수 있다는 공공 철학을 반영한다.

디지털 기술은 맞춤형 관행이 현대 생활의 구조에 자연스레 스며들 수 있도록 다양한 방식으로 지원하고 있다. 예를 들어, 저렴한 디지털 인쇄와 대규모 디스플레이 기술은 특정한 그룹과 커뮤니티를 목표로 하는 틈새시장 마케팅을 가능하게 했다. 광고주들은 최근 구매, 온라인에서의 활동과 상호작용에 대해서 알려진 정보를 분석하여 고객의 향후 필요와 욕구를 예측하는 '예측 기반 개별화'를 모색해 왔다. 아마존과 같은 온라인 판매업자들은 이전 검색과 구매 행동을 기반으로 개인 맞춤형 '구매 추천'을 제공하는 데 능숙하다.

이처럼 최근 기업들은 고객의 행동 패턴을 분석하여 임신, 이혼, 이사 등과 같은 삶의 주요 변화를 예측할 수 있는 알고리즘 기반 기법을 개발하고 있다.

　개별 맞춤은 상품과 서비스의 소비뿐만 아니라 판매 과정에서도 핵심적인 특성으로 작용한다. 점점 더 많은 제품들이 '대량 맞춤화' 방식에 기반하여 판매되는데, 이는 표준화된 제품의 외형과 기능을 소비자가 직접 구성할 수 있도록 하는 것을 의미한다. 예를 들어, 나이키 웹사이트의 소비자들은 신발의 크기, 색상, 소재, 로고, 슬로건 등을 재디자인할 수 있다. 이와 비슷한 차별화, 개별 맞춤화로의 변화는 뉴스, 정보, 엔터테인먼트의 디지털 소비 방식에서도 나타났다. 이제 대부분의 TV 시청자들은 미리 편성된 '고정된' 방식으로 보는 것이 아니라 원하는 프로그램을 자신이 원하는 시간에 보는 '선택형' 방식으로 프로그램을 시청할 수 있다. 많은 사람들이 온라인에서 뉴스와 정보를 소비하는 방식은 개인의 취향에 따라서 선별, 조정되고 있다. 이는 네그로폰테의 20여 년 전 예측을 반영한 것으로 그는 인터넷 사용자들은 대중 매체에서 벗어나 각 개인의 취향과 관심사에 맞게 맞춤화된 온라인 뉴스 피드(그는 당시에 이것을 'The Daily Me'라고 명칭하였다)를 선호하게 될 것이라고 전망했다.[2]

특히 주목할 점은, 이러한 생산과 소비 방식의 차별화된 변화가 이전에 단일적이고 획일적인 것으로 여겨졌던 공공서비스와 전문직 분야에서도 정착되었다는 점이다. 예를 들어, 의료 시스템은 개별 환자의 분자적 및 유전적 구성을 컴퓨터로 분석하여 의료 결정, 치료 및 개입을 맞춤화하는 '개별 맞춤형 의학'의 등장에 발맞추어 변화하고 있다. 또한 지난 10여 년 동안 분권화되고 '세분화된' 온라인 서비스의 발전을 통해 '개별 맞춤형' 정부 서비스도 성장해 오고 있다.[3] 이렇게 공공과 민간 영역에서의 변화는 대량 생산의 효율성과 개인의 요구와 선택이라는 목적을 충족시키는 것으로 평가받고 있다. 심장 수술에서부터 운동화에 이르기까지, 'one size fits all(획일적 교육방식)'이라는 개념이 뒤집히고 있으며, 이러한 변화의 중심에는 디지털 기술이 자리 잡고 있다.

교육의 디지털 '개별 맞춤형' 교육

기술 기반 '개별 맞춤형' 교육에 등장하기 시작한 것은 이해할 수 있는 일이다. 물론, 디지털 개인화는 교수-학습

과정에서 좀 더 '학습자 중심'으로 만들고자 했던 20세기 교육의 중요한 특징을 기반으로 하고 있다. 이러한 예로, '진보 교육', '몬테소리 교육', '서머힐 스쿨'[i]과 같은 교육기관을 통해 이루어졌던 '자유 학교 운동'과 같은 철학이 지속되었다는 사실을 알 수 있다. 특히, 대중교육 제도에 실망감을 느끼는 그룹에서 홈스쿨링이 지속적으로 인기를 끄는 이유와도 유사할 수 있다. 마찬가지로 1990년대 전반을 휩쓴 '평생 학습'이라는 정책 개념 역시 교육을 더 이상 특정 교육기관의 전유물이 아니라 개인이 평생에 걸쳐 직접 주도하는 것으로 전환시켰다.

이러한 발전 배경으로 볼 때, 기술이 개인 주도적이고 '학습자 중심'의 교육 형태를 지원할 수 있으리라는 기대는 당연한 것이었다. 실제로 자기 관리와 학습자 주도성이라는 오래된 원칙은 디지털 교육을 통해 다양한 방식으로 이어져 오고 있다. 첫 번째는 기술이 학교, 대학, 시험 시스템 등 '공식' 교육의 핵심 요소를 개인화할 수 있다는

---

i. 서머힐 스쿨(Summerhill School)은 영국의 교육학자 A. S. 닐이 1921년에 세운 사립 기숙형 대안학교로 학생의 자유를 최대한 존중하고 그 안에서 조화로운 사람으로 성장하게 하는 것을 목표로 민주교육을 실천하는 대표적인 학교로 알려져 있다.

아이디어다. 이론적으로 이러한 공식적 '개별 맞춤형'은 교육 시스템과 교육기관을 완전히 재구성하는 것을 필요로 한다.

학습자가 교육 제도에 맞추는 것이 아니라, 교육제도가 학습자에 맞출 수 있도록 교육제도의 논리를 바꿔야 한다. 이것이 '개별 맞춤형'의 핵심이다. 개인이 잠재력을 최대한 발휘할 수 있는 주체적인 학습자를 길러내기 위해서는 시스템은 각 개인이 가진 다양한 강점과, 흥미, 필요성을 인식하고 이를 바탕으로 교육제도는 맞춤형 지원을 제공해야 한다.[4]

실제로 디지털 기술은 대중 교육을 제공하는 데 있어 다양한 요소들을 재구성하고 혁신하는 데 활용되어 왔다. 예를 들어, '디지털 포트폴리오'와 'e-포트폴리오'는 현재 학교와 대학에서 널리 활용되며, 학생들이 최종 평가를 위해서 자신들의 과제를 온라인에서 수집하고 정리할 수 있도록 지원한다. 이러한 개인형 큐레이션은 학생들이 어떠한 공식적인 교육과정의 일부가 아닌 것에 대해서도 학습의 증거로 포함할 수 있도록 장려하며, 동시에 그들이 수행한 작업과 추가적으로 발전이 필요한 부분을 성찰할 수 있게 한다. 이처럼 많은 학교와 대학에서는 교육과정에서도 디지털 '개별 맞춤형'을 모색하고 있다. 이는 디지털 기술을 활용하여 '개별 맞춤형 학습 전략'을 지원하는 것을 포함하며 이를 통해 학생들은 자신이 특히 관심을 갖는 과목이나 주제에 집중할 수 있다. 특히, 짧은 온라인 퀴즈와 테스트를 활용하여 학습 진행 상황을 모니터링하고 진단하는 데 사용될 뿐만 아니라 학생들에게 필요한 후속 학습 활동을 안내하는 데도 활용되고 있다.

이러한 기술 활용은 모든 학교급 전반에 걸쳐서 꾸준히 성장하고 있다. 캘리포니아 대학교 데이비스 캠퍼스와 같은 저명한 대학에서는 학생들의 강점과 약점에 따라서 온라인 콘텐츠가 제공되는 적응형 입문 과정을 도입하였다. 이러한 원칙은 초등학교에서 고등학교까지 이르는 학교 제도 전반으로 확대되어 맞춤형 온라인 평가 활용에도 적용되고 있다. 여기에서의 온라인 시스템은 개별 학생들의 초기 학업 수준을 고려하여 문제의 난이도와 내용을 변경할 수 있다. 이러한 시험은 호주의

NAPLAN(National Assessment Program-Literacy and Numeracy)[ii] 시험과 같은 '고난도' 시험에도 적용되기 시작하였다. 이러한 접근 방식은 학생이 알지 못하는 내용보다는 실제로 알고 이해하는 것을 측정하는 데 초점을 맞출 수 있도록 하는 게 특징이다.

이러한 '개별 맞춤형 원리'의 접근 방식은 교육기관을 설립하는 데 있어서도 중요한 원리로 활용되었다. 이러한 사례 중 초기 모델로 알트스쿨(AltSchool)[iii]이 있으며, 이 학교는 구글에서 '개별 맞춤형 팀'의 전 책임자가 설립한 학교로, 마크 주커버그(Mark Zuckerberg)[iv]와 같은 투자 그룹과 자선가로부터 수억 달러 규모의 투자를 받았다. 알트스쿨은 개인형 학습 참여 원리를 기반으로 운영되

---

ii. (역자주) 호주 전역의 초등학교 3학년, 5학년, 중학교 7학년, 9학년 학생들을 대상으로 실시되는 국가 수준의 읽기, 쓰기, 문해력 및 수리력 평가 프로그램이다.
iii. (역자주) 미국의 '알트스쿨(Altschool)'은 2013년 구글 출신 엔지니어인 맥스 벤틸라에 의해 설립된 대안학교이다. 이 학교는 테크놀로지를 교육에 활용한 개별 맞춤 커리큘럼을 도입하면서 미래교육 모델로 부각되었지만 교육과정 운영에 대한 부정적 평가와 교육적 효과의 검증 실패로 2017년 폐교되었다.
iv. (역자주) 기업 메타(Meta Platforms, 구 페이스북)의 창립자이자 최고경영자.

는 소규모 사립학교 체인으로, 모든 학생들이 각자의 개별 학습 속도에 따라 서로 다른 지식과 콘텐츠를 학습하도록 설계되었다. 학교별로 소프트웨어 엔지니어가 배치되어 문제나 이슈들이 발생할 때마다 맞춤형 기술을 개발하여 이에 대응한다. 알트스쿨의 철학은 '전통적인 "획일적 교육 방식(one size fits all)"을 훨씬 뛰어넘는 것'이라고 정의된다.[5] 이는 알트스쿨의 설립자가 직접 밝힌 내용이다.

나는 알트스쿨에 합류하기 전에 구글의 '개별 맞춤형 팀'을 이끌고 있었으며, 알트스쿨의 초기 기술팀을 구성한 사람들 대부분도 그 팀 출신이다. 우리는 개인화와 맞춤화가 어떤 환경에서도 나아가야 할 방향이라고 믿는다. 이는 의료나 자동차 산업뿐만 아니라, 심지어 음식 분야에서도 마찬가지다. 이는 규모의 경제와 개별화의 장점을 모두 갖춘 접근 방식이다. 우리는 인간들이 매우 유사하게 만들어졌지만, 동시에 절대적으로 고유한 존재라고 믿는다. 개인화는 이러한 균형을 맞추는 방법이다. 학교라는 맥락 속에서,

개인화는 매우 중요한데, 왜냐하면 이는 각 아동의 현재 수준에 맞춰서 학습을 제공하고 동기를 부여하며 학교에서 보내는 소중한 시간을 가장 유용하게 사용할 수 있게 만들기 때문이다. 학교라는 맥락 속에서, 개인화는 매우 중요한데 왜냐하면 이는 각 아동의 현재 수준에 맞춰서 학습을 제공하고 동기를 부여하며 학교에서 보내는 소중한 시간을 가장 유용하게 사용할 수 있게 만들기 때문이다. 그들은 자신이 행복하고 성공하기 위해 필요한 것이 무엇인지 스스로 알아야 한다. 이게 바로 개인화된 경험이다.[6]

이러한 사례들은 혁신적이지만 여전히 교육이 학교 및 대학에서 이루어진다는 개념을 유지한 채 디지털 기술은 학습경험을 차별화하는 역할을 하고 있을 뿐이다. 아마도 더 진보적인 변화란 디지털 기술을 활용하여 교육을 특정한 교육기관의 전유물에서 벗어나 완전히 독립적인 형태로 정착시키려는 노력에 대한 지원을 의미할 것이다. 이러한 '개별 맞춤형' 디지털 교육이 초래하는 '비공식' 형태는 개인이 디지털 기술을 통해 학습할 수 있는 다양한 방식을 인정하는 것이다. 예를 들어, '개별 맞춤형 학습환경'이라는 용어는 점점 많이 사용되고 있으며, 이는 오늘날 많은 사람들이 다양한 온라인 앱과 채널을 통해 정보를 얻고 다른 사람들과 상호작용하는 방식을 의미한다. 여기에는 트위터(Twitter, 지금은 '엑스(X)'), 블로그 등과 같이 각 개인이 사용할 수 있는 '개별 맞춤형 학습 환경'이 포함된다. 또한 이러한 기술을 통해서 유지되는 '개별 맞춤형 학습 네트워크'도 포함하는데, 즉 개인이 이러한 기술을 활용하여 연결할 수 있는 사람들과 학습 자원을 의미한다.

각 개인이 개인적인 기술과 네트워크를 활용하는 교육 방식을 개발하려는 시도가 이루어지고 있다. 특정 수업이나 숙제에 초점을 맞추는 대신에 학생들은 자신이 적합하다고 생각하는 학습 활동을 직접 구성하고 통제할 수 있는 책임을 부여받는다. 일부 온라인 코스에서는 모든 학생이 제출한 동일한 최종 평가 과제와 함께, 각 학생이 수행한 각종 온라인 활동의 총합을 평가하고 있다. 각 학생의 '성취'에 대한 증거로 트윗, 블로그, 게시물, 포럼 토론 및 동영상 업로드의 총합을 기반으로 평가가 이루어진다.

이는 모든 학생이 동일한 도구를 사용하고 동일한 상호작용을 할 것이라는 많은 공식 교육과정의 '권위주의적' 기대와는 대조적이라 할 수 있다. 아니카 렌스펠트(Annika Bergviken Rensfeldt)[v]가 말한 것처럼 개인적인 기술과 네트워크에 기반한 교육은 '교육기관에 의해 패쇄적이고 대중적으로 획일화된 교육 방식에 도전하는 개념으로 개별 학습자를 중심으로 하는 급진적인 변화'를 의미할 수 있을 것이다.[7]

이러한 접근 방식은 온라인에서 자유롭게 제공되는 다양한 학습자료와 전문가가 제작한 교육 콘텐츠를 반영하고 있음이 분명하다. 예를 들어, 아이튠즈유(iTunes U)와 칸 아카데미(Khan Academy) 같은 유명한 채널을 통해서 영상 강의와 기타 교육 콘텐츠를 무료로 이용할 수 있으며, 이외에도 잘 알려지지 않았지만 수천 개의 유사한 콘텐츠들이 존재한다. 이를 통해서 이제는 공인된 대학이나 대학교의 제도적인 지원 없이도 누구나 온라인 강

---

v. (역자주) 스웨덴 예테보리 대학교(University of Gothenburg)에 소속되어 디지털 기술이 교육과 사회에 미치는 영향을 비판적으로 탐구하는 연구자.

좌를 제공할 수 있게 되었다. 유데미와 같은 플랫폼은 이러한 '독립 교수' 수천 명을 지원하기도 한다. 제프리 영(Jeffrey Young)[vi]은 이에 대해서 "이것이 바로 소위 '공유경제'가 교육과 결합할 때 발생하는 현상이며, 실리콘밸리의 DIY(Do-It-Yourself) 정신이 교수법에 적용된 결과"라고 말한다.[8] 이러한 플랫폼 중 상당수는 과거의 엘리트 교육기관과 동등한 수준의 높은 품질의 학습 기회를 제공하는 것으로 인정받고 있다. 예를 들어, 테드(TED)는 '새로운 하버드 — 100년 만에 등장한 새로운 최고의 명성을 가진 교육 브랜드'라고 극찬을 받고 있다. 현실에서는 이러한 명성이 높은 제공자 이외에도 다양한 학습의 기회가 존재하고 있다.[9]

여기에는 2장에서 설명한 무크뿐만 아니라 멜번 자유 대학이나 카엔 대중 대학교와 같은 자유 대학에서 제공하는 급진적인 온라인 교육이 포함된다. 결국, 디지털 기술은 전통적인 교육 제도의 범위를 훨씬 넘어서는 방대한 '학습 암시장(learning black market)'을 가능하게 한

---

vi. (역자주) 교육의 미래와 기술 문제를 웹 기반 매체에서 주로 다루는 저널리스트.

다. 이제 누구나 전통적인 학위나 졸업장 취득을 넘어서 자신이 원하는 방식으로 직접 교육과정을 구성하는 것이 충분히 가능해졌다. 언칼리지(Uncollege) 운동의 주도적인 인물인 데일 스티븐스(Dale Stephens)는 대담하게 주장한다. '대학은 당신의 현실 세계를 대비시키기 위해 존재하는 것이 아니라 대학이 돈을 벌기 위해 존재한다. 만약에 세상을 헤쳐 나가는 데 필요한 기술 — 끈기, 네트워킹, 창의성 등 — 을 배우고 싶으면 스스로 자신의 교육을 개척해야 할 것이다.'[10]

디지털 '개별 맞춤형' 교육에서 인식되는 장점

'개별 맞춤형' 디지털 교육은 대량 교육 제공 방식인 획일적 모델에 내재된 많은 문제를 해결할 수 있는 확실한 방법으로 환영받아 왔다. 앞서 설명한 기술들은 현재 교육정책 결정 및 거버넌스에서의 개별 맞춤형 혁신의 재부상을 주도하고 있다. 많은 학교와 대학 제도가 더 많은 선택권과 다양한 교육 방식을 중심으로 점진적으로 재구성되고 있다. 선행학습에 대한 인정, 맞춤형 교육과정, 그리고 맞춤형 평가에 대한 인증은 심지어 공식 교육의 가장 전통적인 영역에서도 수용되고 있다. 이로써 이제는 개별 학생들의 요구, 선호, 의견들을 중심으로 교육의 핵심적인 측면을 재구성해야 한다는 강력한 목소리가 나타나고 있다. 게이츠 재단은 '학습은 개별 학생의 필요, 흥미, 상황에 맞춰서 개인화가 될 때 더욱 강력해진다'라고 언급한다."

따라서 이 장에서 지금까지 설명한 모든 디지털 기술은 교육의 가장 필요한 '대전환'에 기여하는 것으로 환영받고 있으며, 교수-학습 제공 방식을 현대 사회의 기대에 더 부합하는 정도로 변화시키고 있다. 이러한 변화는 주로 소비자 중심적인 관점에서 논의되며, 디지털 기술이 역사적으로 '고객'에서 무심했던 대중적인 온라인 서비스에서의 '개별 맞춤형 철학'을 교육 영역에 적용하는 역할을 한다고 여겨진다. 뉴트 깅그리치(Newt Gingrich, 미국 전 하원의장)의 주장처럼 말이다.

교사는 강의하고, 학생은 앉아서 일부를 경청한다. 수업은 모든 학생에게 동일한 시간에, 동일한 자료로, 동일한 속도로 진행된다. 이것은 1890년대 교육 모델 — '개별 맞춤형'보다는 '평균적인' 학생을 가르치기 위한 — 이다. 대부분 정보와 지식이 디지털로 전송되고 더 '개별 맞춤형'이 되는 시대에(넷플릭스, 판도라, 트위터, 페이스북을 생각하면) 우리는 기존의 교육 방식보다 훨씬 더 나은 시스템을 만들어야 한다. 칸 아카데미, 유데시티, 그리고 코세라와 같은 선구적인 프로젝트들은 오늘날의 칠판과 교과서를 중심으로 한 교육 시스템이 아니라, 넷플릭스와 같이 더 유사한 미래형 학습 모델을 향해 나아가고 있다. 각 플랫폼은 학생들이 자신의 속도, 경로, 목표를 향해서 학습하는 데 도움이 될 수 있도록 기술을 사용한다.[12]

이러한 깅그리치의 대중주의적 견해는 학습 심리학과 교육 분야의 전문가 의견과 대체로 일치한다. 예를 들어, 기술 기반의 '선택과 조합' 방식으로 교육 참여를 유도하는 개념은 학습 과학과 인지 심리학에서 논의되는 학습자 중심 및 학생 중심 교육이론과 맥락을 같이한다. 인본주의 심리학은 오랫동안 개인이 자신의 인식, 가치관, 감정, 행동을 스스로 발달시키기 위한 책임감을 가질 때 최상의 역량을 발휘한다는 신념을 지지해 왔다. 이러한 관점에서 개인은 자신의 학습을 스스로 주도하고 책임질 수 있는 가장 적합한 주체로 볼 수 있다. 칼 로저스(Carl Rogers)는 그의 '자기실현' 이론에서 다음과 같이 주장했다. '다른 누구도 우리가 어떻게 인식하는지를 알 수 없으므로 우리는 스스로에 대해 가장 잘 아는 전문가다.'[13] 이를 기반으로 자기 주도 학습과 독립 학습 개념은 지난 50년 동안 주류 교육 사상에서 널리 받아들여져 왔다.

기술 기반의 '개별 맞춤형'은 역시 지난 몇십 년간 다른 인기 있는 교육이론과 분명한 유사점을 가진다. 예를 들어, '자기 조절 학습' 이론은 개인이 자신의 학습 진행 상황을 지속적으로 점검하고, 강점과 약점을 파악하며, 이를 바탕으로 적응하고 향상할 수 있는 전략적 방안을 계획하는 것이 중요하다고 강조한다. 이러한 성찰적 교육 참여 형태는 개인이 자신의 학습에 대해서 지속적인 피드백이 필요하다고 시사한다. 이런 관점에서 디지털 기술은 '자기 조절 학습'의 새로운 형태를 실용적으로 구현한다는 점에서 이론적 기반을 확립한 주요 학자 중 한 명인 베리 짐머만(Barry Zimmerman)에 의해서 긍정적으로 평가되어 왔다.[14]

'개별 맞춤형 에듀테크'는 학습에 대한 기존의 통찰을 보완할 뿐만 아니라, 디지털 기술이 사람들 간의 상호작용과 협업을 지원하는 방식, 그리고 '항상 연결되어 있는' 시대에서 '공동체' 개념이 변화하는 양상과도 잘 맞아떨어진다. 개인화와 개별 맞춤형 기술을 토대로 하는 교육 개념은 네트워크 기술이 물리적 거리와 환경의 제약을 넘어서서 원하는 정보를 사람들에게 연결될 수 있도록 한다는 점과 확실하게 상응한다. 이는 개인이 온라인 활동에서 완전하게 고립되고 혼자 있는 것을 의미하는 것이 아닌데 — 결국에는 디지털 기술의 강력한 이점 중 하나는 비슷한 관심을 가진 사람들을 대규모로 연결해서 '군중', '무리', '집단'을 형성시킨다는 점이다. 오히려 디지털 미디어는 유연성이 높지만 영구적이지 않는 새로운 형태의 개별 맞춤형 공동체를 지원하는 역할이라고 평가되고 있다. 이러한 공동체는 일시적인 관계와 공통의 관심사를 기반으로 느슨하게 형성된다고 할 수 있다.

앞서 설명한 '개별 맞춤형' 교육의 '비공식적' 형태의 대부분은 리 레이니(Lee Rainie)[vii]와 베리 웰멘(Barry Wellman)[viii]이 '네트워크 개인주의'라고 명명한 개념을 구현하고 있다는 것이다. 이는 사회적으로 네트워크 된 기술을 통해서 개인은 느슨하게 연결된 사회적 네트워크 안에서 자유롭게 드나들며 혜택을 얻을 수 있는 것을 의미한다. 레이니와 웰멘은 사람들이 디지털 기술로 서로 연결되고 소통하고 협력하고 콘텐츠를 생성 및 공유하고, 정보를 교환할 수 있는 대안적인 '운영 제도'라는 개념을 형성한다. 네트워크 개인주의의 형태는 '학습, 문제 해결, 의사 결정, 개인적 상호작용의 기회를 확장'하는 것으로 간주할 수 있다.[15]

'개별 맞춤형' 디지털 교육이라는 아이디어는 많은 논평가들이 기술 중심의 사회가 형성되는 방식을 바라보는 관점을 확실하게 지지하고 있다. '네트워크 개인주의' 개

---

vii. (역자주) Pew Research Center의 인터넷·디지털 사회 변화 연구 책임자로 온라인 기술이 삶에 미치는 영향을 분석해 온 대표적 조사 전문가.

viii. (역자주) 토론토 대학교의 사회네트워크 분석 권위자로 '네트워크화된 개인주의' 개념을 제시한 대지털 사회학의 선구자.

념과 함께, '개별 맞춤형' 디지털 교육은 개인의 우선성을 중심으로 한 다양한(때때로 모순적인) 현대 정치적 관점과 이념적 입장을 반영한다. 한편으로는 교육이 민주적이어야 하며, 개인의 차이와 필요를 존중해야 한다는 진보적인 이상이 존재한다. 이러한 관점에서, 교육 참여는 개인의 자유, 자기 책임, 그리고 자기 계발의 원칙을 중심으로 재정렬되거나 재구성될 필요가 있다.[16]

반면에 기술 기반 '개별 맞춤형' 교육 개념은 공공 서비스를 개인의 선택과 유연한 제공 방식을 중심으로 재구성해야 한다는 신자유주의적 관점과도 잘 부합한다. 따라서 이는 미리 정해진 교육 경로를 따르는 대신, 모든 개인은 '기업가적' 방식으로 교육을 소비할 자유를 가질 수 있다는 것이다. 즉 위험을 계산하고, 자신에게 가장 적합한 선택을 분석한 후 그에 따라 행동해야 한다. 또한 이러한 신자유주의적 관점은 교육은 '합리적 선택'과 시장 원리의 경제적 개념을 중심으로 구성되는 것이 가장 적절하다는 것이다.

기술에 기반한 '개별 맞춤형' 교육은 지난 20년 동안 북미에서 문화적으로 지배된 '자유주의자'적 감성과 조화와 유사하다고 볼 수 있다. 특히 사회는 '개인'을 중심으로 구성되어야 하며 각 개인은 자신의 필요나 특성에 맞게 개인적 권리와 선택을 자유롭게 행사할 수 있어야 한다는 신념이 강조된다. 자기 결정과 자족의 원칙은 대규모 기관, 정부, 그리고 국가에 의존하는 것보다 더 높은 가치로 평가된다. 이러한 아이디어는 티파티 운동(Tea Party)[ix], '거친 개인주의'[x], 그리고 '메이커 문화'[xi]와 같이 다양한 형태의 운동이 인기를 얻는 데 영향을 미쳤다. 이러한 이념들은 기술 기반 '개별 맞춤형' 교육의 기본적인 논리와 상당히 공통적인 토대를 공유하고 있다. 따라서 기술을 활용하여 교육을 더욱 개별 맞춤화하는 개념은 겉보기에는 상충될 것처럼 보이는 여러 인기 철학 및 정치 운동

---

ix. (역자주) 1773년 영국의 세금 징수에 반발하여 발생한 보스턴 차 사건(Boston Tea Party)에서 유래된 2009년 미국에서 길거리 시위로 시작된 보수주의 정치 운동이다.

x. (역자주) 미국 제31대 대통령 허버트 후버가 1928년 대통령 선거 유세에서 사용한 표현으로, 개인주의에서 파생된 개념이다. 이는 개인이 외부의 도움, 특히 정부의 지원 없이 자립적이고 독립적으로 살아가야 한다는 신념을 의미한다.

xi. (역자주) 개인이나 소규모 커뮤니티가 기술과 도구를 활용해 창의적으로 문제를 해결하고 제품을 제작하는 현대적 하위문화로, DIY(Do It Yourself) 정신을 기반으로 한다.

들과도 부합한다. 이것은 분명히 다양한 요구와 관심사를 반영하는 교육의 한 형태라 할 수 있다.

디지털 '개별 맞춤형' 교육에 대한 비판적인 시선

이러한 배경을 고려하면 개별 맞춤형 디지털 교육이 본질적으로 '좋은 것'이라고 많은 교육자와 전문가가 믿는 것은 충분히 이해할 만하다. 실제로 기술을 통한 학습자 개별 자유를 부정하는 주장을 찾아보는 일은 매우 드물다. 그러나 이것은 현존하는 심각한 문제점을 제기하지 않는다. 첫 번째로 기술의 관점에서 볼 때 가장 널리 활용되고 수익성이 높은 '개별 맞춤형' 학습의 형태는 대규모 시스템을 통한 '대량 맞춤화' 수준에 그친다는 비판이 있나. 나이키가 온라인 고객들에게 동일하게 만들어진 운동화의 겉모양을 본인이 원하는 디자인으로 허용하는 것처럼 많은 개인화된 '맞춤형' 학습 시스템은 주로 학생들에게 미리 결정된 콘텐츠를 다양한 형태와 순서로 제공하는 것에 초점을 맞출 뿐이다. 무한한 '차별성'과 '자유성'에 관한 어떠한 개념도 사전에 설계된 시스템과 한정된 콘텐츠에 의해서 제약이 될 뿐이다. 이 장에서 설명된 앱과 시스템의 궁극적인 결과는 그것들이 대체하려 한다고 주장하는 기존 시스템만큼이나 '획일적'이라 할 수 있다. 모든 학습자가 여전히 동일한 기초 물리학 101 교육과정을 학습하게 되는 시스템이 얼마나 '개별 맞춤형'이 되고 개별 학습자 중심이라고 할 수 있을까? (심지어 학습자가 이들을 스스로 선택했다고 믿는다고 할지라도 말이다). 조디 딘(Jodi Dean)이 지적하듯이, '개별 맞춤형'은 개인적인 것과 혼동되어서는 안 된다. 여기에는 개인적인 요소가 전혀 없다고 볼 수 있기 때문이다.'[17]

둘째, 공식 교육 체제 밖에서 존재하는 온라인 교육의 다양성(앞서 '학습 암시장'이라고 표현된 것)은 안내와 지원 측면에서는 부족하다. 모든 개인이 디지털 교육 기회를 스스로 탐색할 수 있다는 가정은 이에 상응하는 전문가의 지도, 안내 그리고 지원이 없다는 것을 함축하기도 한다. 조직화된 교육 제공이 권위주의적이라는 인식에 대한 대안을 제공하면서도 이러한 접근 방식은 학습이 본질적으로 사회적 활동이며 더 많은 지식을 가진 타인의 지원을 통해 가장 효과적으로 이루어진다는 널리 공유된 교육적 신념과 충돌한다. 특히, 개인이 스스로 발견하거나 탐색하기 어려운 것이 많이 존재한다고 주장할 수 있으며, 무엇보다도 학습자는 "자신이 모르는 것을 알 수 없기" 때문이다.[18]

예를 들어, 과학이나 수학과 같은 지식 영역의 가치를 이해하는 것(그리고 더 중요한 것은 과학 및 수학 학습에 대한 동기)은 모든 개인이 스스로가 발견하고 인식할 수 있는 것이 아니다. 오히려, 교사, 멘토, 코치 및 기타 교육 전문가와 같은 중재자 역할을 하는 전문가의 지원이 있어야만 이러한 교육 영역에 대한 학습자의 참여를 촉진하고 나아가 무엇이 배울 가치가 있는지 결정하는 데 중요한 요소로 남아 있다. 이러한 의미에서 교육은 '지식을 발견하는 시간뿐만 아니라 설명하고 전달하는 시간도 필요'[19]로 하는 과정으로 볼 수 있다. 디지털 교육에 대한 대부분의 논의에서, 유행이 지난 개념으로 간주하는 전통적인 교사 주도형 수업이 가장 적절한 방식의 학습일 경우가 많을 수 있다.

셋째, 개인이 자신의 교육 성공(및 실패)에 대한 책임을 지는 개념은 수많은 사회적 우려를 발생시킬 수 있다. 특히, 사람들이 다양한 교육 '기회' 속에서 '기업가적' 방식으로 선택하고 결정해 나간다는 발상은 사회적 격차를 야기할 가능성을 내포하고 있다. 다시 말하면 자유시장의 원리에 따라서 일부 개인이 다른 이들보다 더 나은 의사결정을 내릴 수 있기 때문이다. 더욱이, 모든 성공과 실패는 본질적으로 개인의 행동에서 비롯된 결과로 간주될 것이다. 이는 교육 참여를 개인이 좋든 나쁘든 '혼자 책임지는' 방식으로 구성하는 모델이다. 비키 덕워스(Vicky Duckworth)[xii]와 매튜 코크레인(Matthew Cochrane)[xiii]은 이러한 방식의 교육 참여 구조를 다음과 같이 말한다.

> 이것은 개인을 '스스로 삶을 관리하고, 그 성공이나 실패에 대한 책임을 지는 기업가적 존재'로 간주하는 것이다. 이러한 환경에서는 학습자가 불리한 조건을 극복하고 성공할 것으로 기대하며, 만약 그렇지 않다면 그 책임이 개인에게

---

xii. (역자주) 영국의 엣지 힐 대학교(Edge Hiil University) 교육학과에서 성인교육 및 성인 문해 분야를 연구하는 교수.

xiii. (역자주) 영국의 엣지 힐 대학교(Edge Hiil University) 교육학과에서 사회 재생산과 불평등을 연구하는 교수.

있다고 여긴다. 즉, 실패의 원인을 학습자가 학습하는 과정과 삶의 각 단계에서 직면하는 구조적 불평등이 아니라 개인 차원의 문제로 돌리는 것이다.[20]

'구조적 불평등'에 대한 언급이 시사하듯이, 모든 사람이 교육에 참여하는 과정에서 진정한 자유로운 선택을 할 수 있으리라는 기대는 적어도 순진한 생각이며 나아가 정의롭지 못한 주장일 수 있다. 우리가 살아가는 사회가 '구조화된' 환경이며, 개인의 선택은 자신의 정체성에 의해 제한되고, 통제되며, 조정된다는 사실을 사회학자가 아니더라도 인식할 수 있다. 지그문트 바우만(Zygmunt Bauman)의 표현대로 사회 속 모든 사람에게 선택의 기회가 있지만 이는 필연적으로 '운명'에 의해서 제한된다 ─ 즉, "우리가 통제할 수 없는 환경, 즉 우리가 결정한 것이 아닌 우리에게 주어진 조건(가령, 우리가 태어난 지리적 위치와 사회적 환경, 혹은 출생 시기)"에 달려 있기 때문이다.[21] 물론, 어떤 개인이든 노력, 훈련, 그리고 재능 계발을 통해 자신의 '운명'이 전개되는 방식을 변화시키려 할 수 있다. 바우만은 이러한 행동을 '성격'이라고 표현한다. 그러나 개인이 현실적으로 '선택'할 수 있는 범위는 결국 성격과 환경의 결합에 의해서 결정된다고 볼 수 있다. 이 장에서 언급된 모든 형태의 교육적 선택은 분명 일부 사람들에게 더 큰 혜택을 줄 것이라 의심치 않는다.

이는 디지털 교육이 이미 유리한 위치에 있는 사람들에게 더 큰 이점을 제공할 가능성이 높다는 제2장에서의 논의와 맞닿아 있다고 볼 수 있다. 코톰은 디지털 교육이 취약한 '소수계' 학생에게 미치는 가혹한 현실과 관련해 이러한 우려를 간결하게 다시 강조한다. 특히 그녀는 개인화된 온라인 교육이 점점 '방랑하는 자발적 학습자'[22]라고 자신이 정의한 이상적 학습자상을 중심으로 설계되어 왔다고 설명한다. 이들은 칸아카데미, 무크, 테드 강연 및 유사한 디지털 교육 기회를 거침없이 활용할 수 있는 자신감, 동기, 기술, 그리고 교육적 자격을 갖춘 개인들이다. 이들은 경제적으로 여유롭고, 풍부한 자원과 시간을 가진 개인들이기도 한다. 따라서 이들은 디지털 시대에 유리하다고 여겨지는 민첩하고 유목적이며 전반적으로 '유연한' 방식으로 행동할 수 있는 '시장'에서 유리한 위치를 차지하고 있다고 볼 수 있다. 이러한 것들은 모든 개인이 누릴 수 있는 환경은 아니라는 점은 분명하다.

결론

이 장에서 논의된 많은 내용은 디지털 교육의 공공성에 대한 공통된 우려를 반영하고 있다. 만약에 우리가 모두 '개별 맞춤형' 학습 여정에 몰입해 있다면, 교육이 사회적이고, 지지적이며, 공유되는 노력이라는 측면에서 어떤 함의를 가지게 될까? 이는 기술 기반 개인화와 개별 맞춤을 완전히 '나쁜 것'으로 간주하려는 것이 아니다. 디지털 기술은 분명 다양한 사람들이 각기 다른 방식으로 다양한 일을 할 수 있도록 지원하는 강력한 수단이기 때문이다. 그러나 이렇게 이 장에서 계속해서 제기되는 질문은 매우 간단하다고 볼 수 있다. 바로 교육이 디지털 기반의 '자유 경쟁'으로 재구성될 때 교육의 본질은 얼마나 훼손될 것인가다.

물론 현재 사회의 여러 분야에서 지배적인 신념으로 받아들여지고 있는 개인화로 인해 '개별 맞춤형' 디지털 교육에 반대 논의를 펼치기 어려운 측면이 있다. 결국 서구 사회는 자유와 '자신만의 방식'으로 무언가를 할 수 있다는 개념을 기반으로 구축되어 있다. 현대 생활에서 디지털 기술의 중심성이 점점 더 커지는 이유의 상당 부분은 개인의 욕구 충족을 보장한다는 약속에 기반하고 있기 때문이다. 따라서 '오직 자신의 욕망으로 이루어진 세계에서 살아가는 것', 즉 '나와 너, 그리고 기술의 구매자, 소비자, 사용자, 수혜자'의 욕구와 기대를 충족하는 이 매력적인 개념에 반대하는 주장을 펼치는 것은 불편하게 느껴질 수 있다.[23]

우리가 원하는 것을 하는 것과 그것을 우리 방식대로 할 수 있다는 개념은 분명히 매력적이라 할 수 있다. 이는 특히 교육과 관련하여 두드러지는 현상이며, 학교 및 대학과 같은 형태로 제공되는 대중 교육 또는 의무교육에서 실망스러운 경험을 했던 이들에게 더욱 그러할 것이다. 이러한 관점에서 보면 '개별 맞춤형' 디지털 교육의 기대는 많은 이들의 내면에 있는 청소년기 경험과 직접적으로 맞닿아 있다. 이러한 개념은 자신의 경험이 대부분 다른 사람들의 경험보다 더 소중하다고 생각하는 자기중심적인 신념을 자극하기도 한다. 따라서 많은 사람이 '개별 맞춤형' 디지털 교육에 대해 열렬히 지지를 보내는 이유는 그 근본이 매우 개인적인 것에서 비롯된 것으로 주장할 수 있다. 최신 기술을 통해서 이러한 원초적이며, 개인주의적 충동을 충족하고자 하는 욕구는 이해할 수 있다. 그러나 이것이 과연 총체적인 교육개혁을 위한 가장 공정한 기반이 될 수 있을까 의문을 품는다.

'개별 맞춤형' 디지털 교육이 교육을 시장 가치, 소비자 선택의 언어, 그리고 학습을 '상품'으로 보는 개념을 중심으로 재구성하는 데 어떤 역할을 하는지에 대해 스스로 질문을 던지는 것도 중요하다 할 수 있다. 이 장에서 제시된 많은 사례는 개인적 소비 행위를 통해 자아 표현과 생활방식을 선택하는 것을 강조하는 '소비자 사회'에 맞춰서 깔끔하게 포장된 일종의 '교육' 형태를 구성하고 있다고 볼 수 있다. 앞서 언급했듯이, 이러한 가치들은 현대 사회에서 반박되기 어렵다. 그러나 교육이 지니는 공적인 중요성을 고려할 때, 이 가치들은 분명히 더 철저한 검토를 받아야 할 것이다. 특히, 1장의 끝부분에서 제기된 질문 중 하나를 다시 떠올리게 한다. 바로 교육에서 기술이 위치했을 때 예상되는 손실은 무엇인가라는 질문이다. 넷플릭스의 방식을 본떠 교수-학습을 재구성하는 전망은 깅리치의 관점에서는 타당해 보일 수도 있지만 이는 '좋은' 교육을 구성하는 근본적인 요소, 특성, 가치를 분명하게 간과하고 있다.

4장

디지털 데이터, 교육을 좀 더 예측 가능하게 하는가

도입

교육에 대해 많은 사람이 잠재적으로 유익하다고 보는 또 다른 기술적 발전은 디지털 데이터다. 물론 '데이터'는 새로운 사회적 현상이 아닐 것이다. 1700년대부터 행정적인 목적으로 측정과 관찰과 통계가 수집되고 분석되어 왔기 때문이다. 그러나 현대의 디지털 기술(특히 컴퓨터)을 통한 데이터의 생성과 처리는 유례없는 규모로 이루어지고 있다. 이러한 변화는 3V로, 즉 물량(Volume), 다양성(Variety), 속도(Velocity)로 설명할 수 있다. 즉 현재 생성되는 데이터의 양이 증가하고 데이터 유형과 출처가 확장되며 데이터가 생산되고 처리되는 속도가 빨라지고 있다.[1]

지난 10여 년 동안 사회 각 분야에서 디지털 데이터 '범람'이 목격되면서, 전문가 다수는 데이터, 알고리즘, 코딩, 분석을 통해 미래가 점차 정의될 것이라고 예상한다.

디지털 형태의 데이터는 일상 전반에 깊이 스며들어 있다. 예를 들어, 집이나 일터 어디에서든 늘 휴대하고 사용하는 스마트 기기에서 데이터는 필수적이다. 소셜 미디어와 클라우드 컴퓨팅을 활용하면서 방대한 양의 데이터가 생성되고 저장되며 공유되고 있다. 반면, 일상생활과 행동에 내재된 감시 애플리케이션과 추적 장치를 통해서 방대한 양의 데이터도 생성되고 있다. 또한 데이터는 대규모 조직과 공공기관, 국가 관료체제의 운영을 담당하는 전산 행정 시스템에도 핵심적이다. 이처럼 방대한 데이터는 소위 '사물인터넷'[i]의 발전과 인터넷에 연결된 센서 및 데이터 생성 기기가 일상생활에서 쓰이는 사물과 통합되면서 더욱 늘어날 전망이다. 게다가, 컴퓨터 기기로 처리된 '빅데이터'와 같은 방대한 데이터 세트를 대규모의 매우 복잡

---

i. (역자주) 사물 인터넷(IoT, Internet of Things)은 테크놀로지를 기반으로 물리적 객체들을 인터넷에 연결하여 데이터를 주고받으며 상호작용할 수 있도록 하는 기술이다.

한 연산을 통해서 결합하고 분석할 수 있다.

이처럼 과학, 비즈니스, 정부 영역에서만큼 데이터의 증가가 논란이 되거나 주목받는 것은 아니지만, 오늘날 교육에서 디지털 데이터는 확실히 중요한 요소다. 가장 전통적인 학교와 대학조차도 '데이터 기반' 방식으로 지속 운영되고 있으며, 방대한 양의 데이터가 디지털 기술을 통해서 매일 생성되고 처리되고 분석되고 있는 것을 볼 수 있다. 이러한 데이터의 범위는 학생과 교사를 대상으로 한 비공식적인 '내부' 모니터링부터 지역, 주, 연방 수준에서 체계적으로 수집되는 '공공' 데이터에 이르기까지 다양하다. 또한 '가상 학습 환경'과 기타 온라인 학습 형태를 일상적으로 사용하는 과정에서 키보드 입력, 마우스 클릭, 화면 스와이프 등 모든 행동을 기록하는 시스템을 통해 방대한 양의 '자연 발생적' 데이터가 생성, 분석되고 있다. 이처럼 다양한 형태의 디지털 데이터는 측정할 수 있고 계산이 가능하며, 어쩌면 통제마저 가능한 새로운 형태의 교육과 그 운영을 뒷받침하는 요소로 인식되고 있다.

교육에서의 데이터 전환 사례

오늘날 교육의 '데이터화'가 미치는 전반적인 영향을 이해하기 위해서는, 몇 가지 구체적인 사례를 살펴볼 필요가 있다. 데이터, 코딩, 알고리즘이 최근의 교육 발전의 다양한 영역에서 핵심적 역할을 하고 있기 때문이다. 예를 들어, 상업적으로 개발된 '인재 관리' 소프트웨어가 현재 학교에서 활용되고 있으며, 데이터 기반의 '교원 평가 및 성과' 모니터링을 통해 교원의 채용과 유지 관리를 지원한다. 일부 학교에서는 '데이터 분석 플랫폼'에 투자하여 학생들이 교사와 수업을 정기적으로 평가할 수 있도록 지원한다. 이를 통해 측정 지표, 평가 자료, 피드백이 지속적으로 생성되어 향후 교육 제공 방식의 개선에 활용되고 있다.

〈뉴욕 타임스〉는 이러한 서비스의 인기가 증가하는 현상을 두고, "대규모 데이터 수집 및 분석을 포함한 기술 산업에서 사용된 기법들이 미국 교육의 문제를 해결하는 데 도움이 될 수 있다는 것을 시사한다"라고 보도했다.[2] 연방정부가 기관 수준의 데이터를 활용하여 학교 비교 웹사이트를 운영하는 추세 이전보다 훨씬 더 큰 규모로 증가하고 있다는 것도 이를 뒷받침한다. 이와 같은 웹사이트에서는 '핵심 성과 지표'를 비롯한 데이터를 공개적으로 게시하여 학부모, 교원 채용 담당자, 그리고 교육의 다른 '소비자'들이 좀 더 '정보에 기반한' 선택과 결정을 내릴 수 있도록 하는 것을 목표로 한다.

이처럼 교육 데이터의 가시성을 높이는 것을 넘어, 데이터를 활용해 교육의 주요한 과정을 자동화하려는 다양한 시스템이 개발되고 있다. 이와 관련해서 오랫동안 연구되어 온 사례는 자동 채점 시스템의 개발이다. 이는 에세이와 과제 등을 자동으로 채점하도록 설계된 소프트웨어로, 본질적으로 방대한 양의 텍스트를 통계적 모델링과 분류 과정을 통해서 단일 숫자와 등급으로 변환하는 기능을 지닌다. 교육 분야에서는 오랫동안 진위형과 선다형 문항 평가를 기계를 통해 채점하는 방식이 실행되는 한편, 서술형 평가를 기계로 처리하는 것을 매우 어려운 과제로 인식해 왔다. 하지만 최근의 데이터 처리 및 분석 기법의 발전은 정규 교육 과정에서 에세이의 자동 채점 시스템이 도입되는 데 기여하고 있다. 이 기술에 대한 수요는 학교 제도에서 고부담 시험 중요도의 증가, 교사의 개입 없는 자기 주도적인 학습의 확산, 수천 명의 학생이 채점이 필요한 과제를 제출해야 하는 대규모 온라인 강좌(2장에서 논의된 무크 등) 증가로부터 비롯되었다.

이러한 컴퓨터 기반 채점 시스템에는 데이터 처리 및 알고리즘 자동화의 대표적인 예인 자연어 처리(NLP)[ii], 컴퓨터 언어, 머신 러닝[iii] 등의 기술이 포함된다. 일반적으로 사람이 채점한 과제를 견본 삼아 시작되며, 이를 바탕으로 단어 사용, 의미론, 텍스트 구조 및 구성 등의 요소를 분석하여 개발된 복잡한 수학적 모델이 활용된다. 이후 '기계 독해' 과정이 진행되는데, 이 과정에서는 인공지능(AI) 기술을 활용하여 추가적인 과제가 시스템에 입력될 때마다 의미 구조와 형식을 기준으로 분석한다. 이를 바탕으로 채점 결정을 보정한다. 정밀한 전문가의 판단이 부족하다는 비판을 받을 수 있지만, 자동화된 데이터 기반의 채점 과정은 인간 채점자만큼(어쩌면 그 이상으로)

---

ii. (역자주) 자연어 처리(Natural Language Processing, NLP)는 컴퓨터가 인간의 언어를 이해하고 처리할 수 있도록 하는 인공지능 기술이다.

iii. (역자주) 머신 러닝(Machine Learning, 기계학습)은 인공지능의 한 분야로, 컴퓨터가 데이터를 기반으로 스스로 패턴을 학습하고 이를 통해 예측이나 결정을 수행할 수 있도록 하는 기술이다.

타당하고, 신뢰할 수 있으며 공정한 것으로 평가되고 있다. 컴퓨터 채점 시스템은 인간 채점자보다 일관성이 높고, 피로로 인한 오류 발생률이 낮으며, 많은 교수나 강사가 채점에 수 주 또는 여러 달을 소요하는 것과 달리 즉각적인 피드백을 제공할 수 있기 때문이다.

데이터 기반 기술의 활용은 이전에 인간이 수행하던 교육적 결정과 판단을 지원하는 방식으로 확대되고 있다. 이는 '학습 분석'이라는 형태로 발전하고 있다. 이는 학습자와 그들의 환경에 관한 데이터를 측정, 수집, 분석, 보고하여 학습 과정과 학습 맥락을 이해하고 최적화하는 것으로 폭넓게 정의된다.[3]

'학습 분석'은 가상 학습 환경, 학습 관리 시스템 및 기타 온라인 교육 형태에서 사용자들이 생성하는 데이터 기록을 활용하는 것을 목표로 한다. 데이터의 수집과 분석을 통해 학생들의 과거 행동에 대한 정보를 특징화하고 분류할 수 있으며, 나아가 학생들의 미래 성공(혹은 실패)에 대한 예측 모델을 구축하는 데 활용될 수 있다. 특히, 학습 분석 도구는 일반적으로 학생의 행동을 같은 반이나 다른 반의 학생들, 이전의 동일 학년 학생들, 또는 '이상적인' 성과가 발생한 추상적인 모델과 비교하여 나온 결과를 개별 학생들에게 제공하여 자신의 학습 진행 상황을 파악하도록 돕는다. 나아가 이는 교육자가 자신의 역량을 최대로 발휘하지 못하는 학생들에게 개입하여 지원하도록 도움을 줄 수 있다.

학습 분석은 '기업 정보 분석', 웹사이트 분석, 정보 시각화 분야의 도구와 기술이 교육에 적용되는 방식을 보여준다. 분석용 소프트웨어는 주로 학생들에게 그래프, 표 및 기타 학습 시각화를 지원하는 맞춤형 '대시보드' 형태로 제공되는 것이 가장 일반적이다. 이러한 '의미 형성' 도구는 개인에게 정밀한 피드백을 제공하는 것으로 인식된다. 일부 사람들은 이러한 데이터가 '부드러운 개입'이나 '넛지'로 활용되어 학습 과정을 게임과 유사하게 인식하도록 만들 수 있다고 본다.[4] 분석용 소프트웨어는 학습자가 특정 주제를 이해하는 방식을 모델링하고, 이에 따라 이후 학습 콘텐츠를 제시하는 방식을 조정하는 데 활용되며, 이를 종종 '지능형 교육과정'이라고 일컫는다. 이러한 모든 방식에서, 학습 분석은 인간 교육자보다 더 방대한 데이터를 추적하고 더 빠른 피드백을 제공하며, 특히 예측 불가한 패턴과 요인을 식별할 수 있는 것으로 평가되고 있다.

대개 학습 분석은 특정 영역에서 집중적으로 쓰이고 있지만, 대규모 온라인 학습을 통해 생성되는 방대한 '빅데이터' 분석도 점차 관심을 끌고 있다.[5] 대규모 온라인 교육 시스템의 상당수는 사용자 데이터의 분석적 활용 가능성이 극대화되도록 설계되어 있다. 칸 아카데미의 창립자인 살 칸(Sal Khan)은 "데이터가 진정한 자산이다"라면서, 자사의 온라인 학습자료를 무료로 제공하는 전략을 정당화한다.[6] 빅데이터 기반 교육의 대표적인 사례로는 뉴튼(Knewton)의 '적응형 학습 시스템'이 있다. 이 시스템은 방대한 데이터와 기술을 활용하여 자사에 등록된 1,500만 명의 학습자 개개인에게 적합한 학습 형태를 계산한다. 또한, 그들이 사용해야 할 교육자료나 서비스를 제공할 뿐만 아니라 학습이 이루어져야 하는 시기와 방식을 결정하는 데 필요한 정보를 제공한다.

뉴튼은 애리조나 대학교부터 피어슨(Pearson)사와 같은 기업에 이르기까지 다양한 교육을 제공하는 파트너와 학생들을 연결하고 있다. 특히, 학생이 뉴튼 시스템을 통해서 강의나 튜토리얼에 접속하면, 해당 회사의 데이터 엔진에 의해 모든 클릭, 스크롤, 키 입력, 일시 정지 및 기타 상호작용이 데이터로 수집된다. 수집된 데이터는 학생의 동기, 숙달 수준과 같은 학습의 다양한 측면을 모델링하는 작업에 활용되며, '학습 스타일'과 같이 논쟁의 여지가 있는 지표에도 적용될 수 있다. 이러한 학생의 학습 프로필은 해당 학생이 다음에 취해야 할 가장 적절하고 효과적인 학습 단계를 추천하는 데 활용된다. 이 접근법의 장점은 방대한 양의 데이터 분석에 있다고 평가된다. 뉴튼은 다음과 같이 주장한다.

"한 학기 동안 뉴튼 플랫폼에서 강의를 수강하는 학생은 각각 100만 개 이상의 데이터 포인트들을 가지고 있다고 말해도 과언이 아니다. 하지만 그것이 단순히 클릭 스트림 원데이터일 뿐이다. 하지만 이 원데이터가 우리의 모델을 거치면 우리가 생성하는 데이터의 양은 기하급수적으로 증가한다."[7]

이러한 혁신은 온라인 교육에만 한정되지 않는다. 브릭 앤몰타르(Brick and mortar)[iv]라는 기업은 대량의 데이터, 데이터가 사용되는 디지털 기기, 그리고 데이터 기반 활동을 통해 이른바 '스마트 스쿨'과 '센티언트 스쿨(sentient school)'[v]에 대한 관심을 촉진하는 역할을 했다. 즉, 학교를 '아날로그' 물리적 공간과 이를 중심으로 프로그래밍되고 코딩된 '디지털' 온라인 공간이 결합하는 장소로 보는 개념을 구상할 수 있도록 한 것이다. 언뜻 비현실적으로 들릴 수도 있겠지만, 터무니없는 이야기도 아니다. 예를 들어, 물리적 교실에서 이루어지는 수업이나 활동에서는 데이터에 기반을 둔 학습 관리 시스템(LMS)을 일반적으로 활용한다. 한편, 학교의 복도, 강당, 운동장을 포함한 여러 곳에는 CCTV 시스템, 동작 센서, RFID 태그[vi], 지문

---

iv. (역자주) 브릭앤몰타르(Brick and Mortar)는 일반적으로 소매점, 공장, 창고 등과 같이 실제 존재하는 물리적 공간을 보유하거나 임대하여 운영하는 기업이다.

v. (역자주) 센티언트 스쿨(sentient school)은 센서 기반 기술과 학습 분석 시스템의 도입으로 인해 학교가 마치 '지각(sensing)' 능력을 지닌 존재처럼 학생이 생산해 내는 각종 데이터를 실시간으로 수집·분석·반응하는 체제로 구성된 미래형 학교의 개념을 지칭한다.

vi. (역자주) RFID(Radio Frequency Identification) 태그는 전파를 이용하여 물건이나 사람 등을 식별하고 정보를 저장 및 관리하는 전자 식별 기술을 의미한다.

생체 인식 기술 등이 설치되어 있다. 이를 통해 학교 내 사람과 자원의 이동을 추적할 수 있는 것이다. 이는 모든 교육기관에서 운영 가능한 수 있는 롭 키친(Rob Kitchin)과 마틴 닷지(Martin Dodge)가 설명한 '코드/공간(code/space)'[vii]의 형태다. 즉, 소프트웨어와 시스템이 실물 공간과 결합하여 새로운 활동, 관계 그리고 실천을 지원하는 환경을 조성하는 것이다.[8]

학교 안에서 코드/공간은 학생과 교직원이 지니는 수천 개의 디지털 기기까지 고려할 때 더욱 강력해진다. 다시 말해서 기기를 통해 생성되는 데이터가 교육에 활용되며, 일부 체육이나 건강 관련 수업에서는 학생의 개별 활동 추적과 모니터링 기기(예를 들어, 피트니스 밴드, 스마트폰 앱)를 적극적으로 활용할 수 있다. 기기는 신체의 움직임뿐만 아니라 수면 습관, 뇌 활동, 식단, 혈중 수치, 심박수 등의 데이터도 수집할 수 있다.[9] 이에 학교는 벤 윌리엄슨(Ben Williamson)이 명명한 '데이터 플랫폼'이 되

[vii]. (역자주) '코드/공간(code/space)'은 소프트웨어 코드와 물리적 공간이 서로 결합해 작동함으로써, 코드 없이는 해당 공간이 정상적으로 기능하지 못하는 공간을 의미한다.

고, 학생과 교사는 지속해서 데이터 추적, 감지, 모니터링의 대상이 된다. 이 모든 것은 이론상 행동과 성과를 개선하려는 목표하에 이루어진다.

"이제 데이터 추적 기술은 시설과 행정에서부터 교실에서의 수업 방식, 학생의 학습 진행 상황에 이르기까지 학교의 모든 측면에서 실시간 정보를 지속 제공하는 역할을 하는 것이다."[10]

데이터 기반 교육의 장점

데이터와 그 분석 알고리즘은 오늘날 '교육'을 무엇으로 결정할 것인가에 관해 중요한 역할을 한다. 이는 교육에 있어서 다양한 주제와 의제가 교육과 매우 깊이 연관되어 있음을 시사한다. 한편, 정부와 공공기관은 데이터를 계속 활용하여 교육 제도에 관한 새로운 통찰을 얻을 수 있고, 이를 바탕으로 교육 제도를 관리하고 규제하기 위한 새로운 방안을 마련하는 데 사용하기도 한다. 이 데이터는 학교와 대학에서 기관 운영의 효과성을 분석하는 데 사용될 수 있기 때문이다. 나아가 데이터는 교육에 대한 다른 집단들의 영향력을 확대하는 데 기여할 수 있다. 학부모, 학생, 교원 채용 담당자 및 기타 교육의 '소비자'들이 자신만의 결론을 도출하기 위해 데이터를 활용하거나, 때때로 공식적으로 교육에 관한 정책이나 의제에 문제를 제기하는 데 활용될 수 있다. 더 많은 기업이 교육 분야에 상업적으로 데이터 서비스를 제공하고 학교나 개인을 대신하여 데이터의 수집, 관리, 분석을 담당하고 있다. 일부 기업은 자체 목적을 위해서 자사 제품을 통해 교육에 관한 데이터를 수집하고, 어떤 기업은 이와 같은 데이터를 제삼자에게 판매하기도 한다.

다양한 이해관계가 얽히면서 데이터의 교육적 의미를 둘러싼 다양한 주장과 반박이 제기되었다. 이에 일부 평론가들은 데이터를 '교육의 미래'라고 칭송한다.[11] 다양한 논쟁, 의제, 활동가와 옹호자들의 기여로 교육 분야에서 '데이터'의 위상이 점차 커졌다. 한편, 앞서 설명한 교육적 발전은 신기술 도입에 열의가 있는 기술 전문가들과 데이터 과학자들의 기대와 맞물린다. 데이터를 기반으로 한 규모의 경제와 책무성을 달성한다는 약속도 학교와 대학 체제를 비즈니스 모델에 따라 개혁하려는 이들의 바람과 맞아떨어진다. 이러한 관점에서, 데이터는 본래 폐쇄적인 공교육 체제 안에 시장 가치와 자유시장 원리를 도입할 수 있는 이상적인 수단이다. 동시에 데이터는 이른바 '사회적 기업가'와 진보적 교육자들의 민주적인 감수성에도 호소력을 지닌다. 이들은 '개방형' 공유, 재사용, 비독점적 '자유'라는 방식에 따라 데이터의 공공 개발에 관한 윤리를 중시한다. 데이터는 교육 분야에서 폭넓은 관심을 받는 혁신적 수단이 될 수 있다.

데이터를 통한 교육적 변화의 잠재력은 상당히 크다. 예컨대, 경제적 영향력에 관하여 맥킨지글로벌연구소(McKinsey Global Institute)[viii]는 보고서를 통해 데이터의 효율적인 활용으로 교육 분야에서 매년 약 1조 달러의 가치를 창출할 것으로 전망했다. 맥킨시는 교육 데이터가 현재의 교육 시스템에서 효율성과 효과성을 크게 개선할 수 있는 많은 기회를 제공할 것이라고 주장했다. 기존의 데이터를 표준화하고 공유함으로써 전 세계적으로 교육의 효

---

viii. (역자주) 글로벌 컨설팅 기업인 맥킨지앤컴퍼니(McKinsey & Company) 산하의 경제 및 경영 전문 싱크탱크 연구소다.

과를 크게 향상시킬 수 있다는 것이다.[12] 맥킨지는 보고서에서 데이터가 교육의 개선과 관련하여 적용될 수 있는 다섯 가지 분야를 특정하고 있다. 먼저, '교수-학습 개선'을 위한 학습 분석의 활용, 학교 성취 데이터를 통해 학생이 교육 프로그램을 효율적으로 선택하도록 돕는 것, 학생의 역량에 관한 데이터를 활용하여 취업 기회와 정밀하게 연계하는 것 등이다. 나아가 투명한 재정 데이터는 학생들이 실제 예상 비용을 토대로 대학 교육을 보다 합리적으로 선택할 수 있도록 돕는다고 보았다. 학교 역시 시장과 인구통계에 관한 데이터를 활용해 자원의 계획과 조달을 더욱 효과적으로 수행하게 된다고 전망하였다.

이에 대하여 데이터와 이를 활용한 분석이 교육에 관한 제도 전반의 붕괴를 가져올 수 있다는 일각의 주장도 있다. 빅토르 메이어 쇤버거(Viktor Mayer-Schönberger)[ix]와 케네스 쿠이커(Kenneth Cuiker)[x]는 데이터(특히 빅데이터)가 '교육을 근본적으로 변화시킬 것'이라고 주장한다.[13] 특히, 학습자와 학습 데이터가 교육기관과 교육자의

---

ix. (역자주) 옥스퍼드 대학교에서 인터넷 거버넌스 및 규제를 강의하고 있는 빅데이터 분야의 세계적인 권위자.

의사결정 권한을 빼앗아 갈 수 있다는 점에서, 일부 기업가는 크게 환영한다는 것이다. 뉴튼과 같은 기업들은 자신들이 전통적인 수업보다 더 빠르고 효과적으로 거의 모든 과목을 가르칠 수 있다고 자부한다.[14] 이처럼 교육적 결정과 선택은 직관이 아니라 증거에 기반을 두면서, 공정한 기관이나 기업가가 아니라 직접 참여하는 개인들의 정보를 통해서 이루어질 수 있는 것처럼 보인다.[x]

"우리 각자가 어떻게 학습하는지에 대한 정보를 수집하고 분석함으로써, 우리는 각각의 학생, 특정한 교사, 특정한 교실의 구체적인 요구에 맞춰 학습경험을 조정할 수 있을 것이다. 빅데이터 덕분에 사회는 마침내 '어떻게 학습할 것인가'를 배울 수 있게 될 것이므로, 교육의 본질은 근본적으로 변화하게 된다."[16]

이와 같은 주장은 기업 차원의 교육개혁 논의에서도 확인된다. 데이터는 전문가와 기관의 통제를 벗어나 교육적

---

x. (역자주) 영국 〈The Economist〉지에서 편집장으로 재직 중이며 데이터 및 기술 분야를 주도적으로 다루는 언론인.

의사결정 권한을 부여하는 데 사용될 수 있다. 〈포브스〉지의 한 논평자는 행동주의자인 버러스 프레더릭 스키너(B.F. Skinner)에 의해 프로그램화된 교수법에 따라 학교 교육과정을 재편해야 한다고 주장하면서 다음과 같이 결론을 짓고 있다. "이 프로젝트의 비밀 재료는 '교육자'들을 완전히 배제하는 것이다."[16]

이념적 스펙트럼의 반대편에서는, 이른바 '개방 데이터'의 제공과 활용이 공교육의 공정성과 자기 주도성을 강화하는 형태로 이어져야 한다는 주장이 강력하게 제기되고 있다. 개방 데이터 개념은 지난 20년 동안 정보 및 컴퓨터 과학 분야에서 발전된 것이다. '공적으로 수집된' 데이터에 제한 없이 접근할 수 있고, 활용을 원하는 모든 사람이 자유롭게 사용할 수 있도록 해야 한다는 원칙을 포함한다.[17]

이론적으로 개방 데이터의 활용과 실천은 투명성, 책무성, 공공 개입, 학습자 관여, 협력적인 변화의 측면에서 교육을 근본적으로 재구성할 수 있는 기회를 제공한다. 개방 데이터는 특히 학교와 대학 등 교육기관에서 다양한 교육적 가능성과 이점을 제공한다. 예를 들어, 옹호자들은 교육기관 내에서 모든 구성원 간의 데이터 공유를 통해 이루어질 수 있는 '개방 혁신'에 대해서 언급한다.[18] 이는 조직의 역할, 규칙, 규범이 재구성될 뿐만 아니라, 학교와 대학의 의사결정이 공동체 주변부를 포괄하는, 보다 민주적인 방향으로 변화되는 것을 의미한다.[19] 예컨대, 뉴욕의 지역 활동가들은 개방된 공공 데이터를 재구성함으로써 학교 안전에 대한 인식과 학업성취도 간의 긍정적 상관관계를 확인하는 데 활용한다.[20] 또한, 필라델피아의 학부모들은 공공 데이터를 활용하여 학교 도서관의 자원 부족 여부를 감시하고 이에 대한 이의를 제기하기도 한다.[21] 데이터를 개방하고 활용도를 높이는 정책은 기관의 투명성과 책무성을 강화하고, 이는 다시 효율성, 생산성, 그리고 사회적 혁신을 실현할 수 있는 잠재력을 제공한다는 것이다.

계량화에 대한 비판적 검토

이 모든 사례는 교육자들과 교육 전문가들이 데이터를 매우 매력적으로 여기고 있다는 사실을 보여준다. 알고리즘, 분석 기술, 그리고 데이터 마이닝은 본질적으로 불확실하고 예측하기 어려운 사회 영역에 기술적 정밀성이 도입될 것이라는 기대를 가능케 한다. 이러한 '도구적 합리성'이 지니는 매력은 교육 영역에만 한정되지 않는다.[22] 키친은 빅데이터 분석에 대하여 기업, 정부, 과학계 전반이 열광하는 배경에 '데이터가 모든 문제의 답을 줄 수 있다'라는 인식이 전제되어 있다고 지적한다. 이와 같은 관점은 복잡한 사회적 문제조차도 명확하게 정의된 문제로 분해할 수 있으며, 컴퓨터 개선을 통해서 해결하거나 최적화할 수 있다는 믿음에 기반한다.[23] 수학적 모델링, 통계적 분석, 피드백, 알고리즘을 활용하는 사이버네틱스(인공두뇌학), 인공지능, 머신러닝 등의 분야에서 오랫동안 발전해 온 이론과도 같은 맥락에 있다. 또한, 지난 30년 동안 교육 체제가 측정, 증거, 성과(산출)을 중심으로 재조정되어 온 흐름과도 맞물린다. 이는 목표 설정, 벤치마킹, 성과 지표, 성과 비교, 책무성 강화 등과 같은 측면에서 뚜렷하게 나타난다.[24]

그러나 교육은 본질적으로 불분명하고 복잡하다는 점에서 교육에서 데이터 기반 '해결책'의 확산을 비판하는 주장이 있다. 교육이 점차 데이터 기반으로 전환되는 현상에 대한 비판의 요체는 데이터 기반 과정이 본질적으로 환원적이라는 점이다. 모든 데이터 시스템은 타당성이라는 질문에 직면하게 된다. 즉, 과연 측정하려는 바를 정확하게 측정하고 있는가? 교육의 많은 부분은 쉽게 정의될 수 없거나, 수량화되거나 포착될 수 없는 것들이다. 여전히 '지능'을 측정할 수 있는지(그리고 있다면 어떻게 해야 하는지)에 관한 격렬한 논쟁이 지속되고 있다. IQ 지표를 둘러싼 논쟁이 한 세기 넘도록 계속되어 온 상황에서, 교육의 다른 요소들 — 예컨대 주의집중, 만족도, 효과성, 동기 등 — 을 얼마나 정확하게 정량화하고 포착할 수 있는지는 여전히 의문이다. 따라서 디지털 데이터(및 그 분석)는 보다 정확히 논쟁적인 과정으로 설명될 수 있다. 즉, '자주 신뢰할 수 없고 손실에 취약하다'[25]라는 의미다. 디지털 데이터를 통해 현재 교육이 '인식'되는지에 내재된 환원적 접근 역시 비판적으로 검토될 필요가 있다. 이러한 환원적 접근은 종종 더 쉽게 드러낼 수 있는 '견고한' 사실을 중시하는 대신, '유연한' 사회적 요소들을 주변화하는 방식으로 나타나기 때문이다. 나아가 교육을 데이터로 환원하는 방식은 역사적 맥락과 과거 사건과의 연계성을 간과할 뿐만 아니라 '학문적 탐구에서의 인간적이고 도덕적인 감각'이라고 일컫는 측면을 간과한다는 점에서도 비판받을 수 있다.[26]

교육 데이터 시스템에는 측정이 쉬운 것만을 측정하고, 측정하기는 어렵지만, 그럼에도 불구하고 중요한 것들을 무시하는 위험이 존재한다. 거트 비에스타(Gert Biesta)[xi]는 이것을 '규범적 타당성'의 문제라고 부른다. 이는 '우리가 진정으로 중요하기 여기는 가치를 측정하고 있는가, 아니면 단지 측정이 쉬운 것만을 측정하고 있기 때문에 결국 그것을 가치 있다고 여기게 되는가'라는 질문을 말한다.[27] 예브게니 모로조프(Evgeny Morozov)[xii]의 지적처럼, 많은 알고리즘과 분석 기술은 인과관계나 맥락, 결과에 대한 폭넓은 질문에는 관심을 거의 두지 않은 채, 예측과 선제적 개입이 가능한가에 대해서만 주로 관심을 가진다.[28] 따라서 데이터 시스템을 통해 수집되는 정보와 그 정보를

---

xi. (역자주) 아일랜드 메이누스 대학교(Maynooth University)의 공교육 교수로 교육학과 철학을 기반으로 주체화(subjectification) 중심의 교육 목적 이론을 제시한 대표적인 연구자.

xii. (역자주) 벨라루스 출신의 지식인으로서 기술의 정치적 및 사회적 함의를 비판적으로 탐구하는 연구자.

바탕으로 이루어지는 행동은 사회적 의미와 미묘한 차이보다는 주로 실행상의 문제에 집중하는 경향이 있다.[29]

또한, 데이터 기반 개입은 교육이 어떻게 관리되고 통제되는지를 제약한다는 비판을 받을 수 있다. 이 논의의 핵심 쟁점은 디지털 데이터가 교육 영역에서 관리주의 문화를 강화하고 심화시키는 데 기여하고 있다는 우려다. 분명히 오늘날 데이터는 관리주의적 기술, 예컨대 책무성, 감사, '증거 기반' 실천, 효과성, 지표 등의 핵심 요소가 되었다. 학생과 교사는 이제 '데이터 프로파일'에 따라 평가받는 데 익숙해졌으며, 실제 교육적 맥락으로부터 불가피하게 괴리된 데이터 기반 의사결정은 일상화되고 있다. 키친이 지적하듯이, 데이터 분석은 해당 데이터가 대표해야 할 사회적, 문화적, 정치적 현실로부터 교육적 문제를 '이 날' 시키는 결과를 초래할 수 있다.[30]

이러한 문제는 이른바 '데이터 감시'의 확산에서 분명히 나타난다. 즉, 온라인 학습이나 기술 기반 교육에 참여하는 학생과 교사를 지속적으로 모니터링하고 추적하는 것이다. '학습 분석'과 '개인화'를 위해 데이터를 활용할 때 나타나는 부작용은 학생과 교사가 점점 더 자신이 추적되고 감시받고 있음을 의식하게 되고, 그에 따라 자신의 행동을 조정하게 된다는 점이다. 이렇게 되면 행동은 '자기 통제적'이고 '자기 규제적'으로 변화하게 되며, 사람들이 일반적으로 받아들이는 규범에 순응하여 행동한다. 이로 인해 교육적 실천 과정에서 개별성이나 유연성은 줄어들게 된다. 마찬가지로, 다수의 온라인 학습환경에 암묵적으로 작동하는 자동화된 감시와 과도한 가시성은 교사, 관리자, 학생 간의 일종의 '숨겨진 불신'을 낳을 수 있다.[31] 효과적인 교수-학습은 원래도 달성하기 어려운 것이지만, 학습자와 교사가 자신들의 모든 행위가 감시되고 측정되고 있다고 느끼는 경우라면 더더욱 그러할 것이다.

디지털 데이터의 활용이 교육 불평등을 재생산하는 현상에 대해서도 문제가 제기될 수 있다. 한 가지 핵심적인 우려는 데이터 기반 과정이 권력과 통제의 불균형을 심화시킬 수 있다는 것이다. 예를 들어, 디지털 데이터를 다룰 때 맞닥뜨리는 기회의 불균형을 들 수 있다. 즉, 데이터가 '자신에게 가해지는' 사람들과 데이터를 '다룰 수 있는 능력을 지닌' 사람들 사이에 차별적인 경계가 형성될 수 있다. 이러한 맥락에서 레브 마노비치(Lev Manovich)[xiii]는 디지털 데이터 사용이 확대됨에 따라 사회 내 '데이터 계층'이라는 위계가 형성되고 있다고 경고한 바 있다.[32] 이 위계는 다른 사람을 위해 데이터를 단순히 생성하기만 하고, (실제 그러고 있다는 사실조차 거의 인지하지 못하는) 대다수의 개인들부터, 의식적으로 데이터를 생성하는 사람들, 데이터를 수집할 수 있는 수단을 지닌 사람들, 그리고 궁극적으로는 데이터를 분석할 전문 지식을 지닌 사람들까지 다양한 층위로 구성된다. 분명, 이러한 집단 간 구분은 기술적이고 통계적인 전문성의 정도에 따라 정렬된 것이다. 마노비치는 이를 가리켜 '데이터 분석 격차', 즉 데이터 전문가와 컴퓨터 활용 역량이 부족한 사람들 사이의 격차라고 표현했다.

이러한 문제들은 현재 디지털 데이터가 교육 맥락 전반에 걸쳐서 활용되는 방식에서 분명하게 드러난다. 한편으로는, 데이터 분석가, 데이터 관리자, 정보 책임자 등으로

[xiii] (역자주) 디지털 미디어 이론, 소프트웨어 연구, 문화 분석, AI 미학 등을 개척하며 데이터 기반 문화 해석의 지평을 연 디지털 인문학자.

구성된 인력들이 학교 및 대학 등 교육기관에서 디지털 데이터의 처리와 분석을 담당하고 있다. 데이터 처리는 점점 더 제도 중심적이며 '하향식'으로 이루어지고 있다는 인식이 확산되고 있다. 반면에 많은 학생과 교사는 자신이 일상적으로 생성하는 데이터 흔적과 궤적의 규모에 대해 대체로 인식하지 못한 채 살아간다. 이는 교육적 맥락에서 '과연 누가, 누구의 디지털 데이터를 통해, 어떤 방식으로 이익을 얻는가'라는 질문을 제기하게 한다. 미국 학교에서 평가 데이터를 활용한 한 연구는 교실의 교사들과 학교 관리자 사이의 뚜렷한 차이를 보여주었다. 교사들은 데이터를 자신의 실천에서 필요한 변화를 나타내는 신호로 해석하며 자율적으로 반응하는 경향이 있지만, 학교 관리자는 데이터를 주로 타인의 업무에서 필요한 변화를 지시하는 수단으로 간주하는 경향이 있는 것이다.[33]

마지막으로 데이터는 윤리적 문제와 함께, 교육 체제를 데이터 기반으로 조직함으로써 발생할 수 있는 '인간적 대가'에 관한 여러 어려운 질문들을 제기한다. 대표적인 쟁점 중 하나는 데이터 프라이버시인데, 이는 다양한 데이터 시스템과 정보 네트워크를 통해 자신의 정보 흐름이 어디까지 노출되는지를 개인이 스스로 통제할 권리에 관한 것이다.[34] 디지털 네트워크를 통해 데이터가 거의 무제한 공유되고 유통됨에 따라 기밀성에 관한 문제뿐만 아니라 '공적인 것'과 '사적인 것'의 경계에 관한 혼란도 야기된다. 이는 전통적으로 집합적 성격을 지녀온 '공교육'의 성격을 고려할 때 더욱 심각한 문제가 된다. 이러한 문제의식은 미국 일부 주에서 학교들이 자신들의 데이터가 어떻게 활용되고 재사용되며, 때때로 제삼자에게 판매되는지에 관해 투명하게 공개하도록 요구하는 입법으로 이어졌다. 두 번째로 까다로운 윤리적 질문은 데이터가 개인의 정체성과 어떻게 관계되는가 하는 점이다. 특히, 수집되고 통합된 데이터를 통해 개인이 어떻게 규정되고, '알려지게 되는가'에 대한 질문이다. 인권과 윤리 문제를 고려할 때, 데이터는 교육 환경에서 매우 복잡한 존재다.

결론

이 장에서는 디지털 데이터가 교육의 제공 방식과 학습 경험을 조직화하고 측정하며 합리화하는 수단으로 작동되는 다양한 양상을 살펴보았다. 데이터 기반 계산은 교육이 실제로 어떻게 이루어지고 있는지를 모니터링하고 측정하며, 개선이 필요한 지점을 판단하는 핵심 수단이 되고 있다. 많은 사람들은 데이터가 교육을 보다 계산 가능하게 만들 것이고, 교육 문제의 해결책 역시 데이터를 통해 계산하여 구현할 수 있다고 여긴다.

데이터, 코딩, 알고리즘 및 기타 프로그래밍이 가능한 교육 요소들이 부상하고 있는 점은 분명 이해할 수 있는 일이다. 그러나 동시에, 이들은 우려의 대상으로도 다루어져야 한다. 일반적인 기술이 그러하듯, 이러한 애매함은 '데이터'가 결코 중립적이지 않다는 사실에서 비롯한다. 실제 이 장에서 다룬 많은 사례는 교육의 절차적(그리고 대체로 일상적인) 측면을 측정하고 분석하는 것과 관련되어 있다. 그러나 이 측정과 분석에 부여된 의미들(그리고 그것을 토대로 이루어지는 의사결정)은 명백하게 주관적이고 편향되어 있으며, 부분적이고 타협된 산물이다. 겉보기에 어떤 것이 '자동화'되었다고 해서 그것이 객관적이고 중립적이며 편향이 없다는 뜻은 아니다. 데이터의 수집에는 그 자체로 어떤 것이 '측정할 가치가 있는가'에 대한 판단이 포함되며, 동시에 어떤 것이 그렇지 않은지에 대한 결정도 포함된다. 교육에서 데이터의 역할은 본질적으로 매우 정치적이다.

  이 장에서 제기된 쟁점과 갈등을 되짚어보면, '원자료'나 데이터 분석을 단순히 중립적이고 기술적인 수학적 절차로 이해하는 사고에서 벗어날 필요가 있음을 알 수 있다. 데이터는 순수하게 있는 그대로 발견되는 것이 아니라, 일련의 의도와 판단을 통해 선택적으로 생산되는 것이다. 나아가, 모든 분석과 알고리즘은 유한한 수의 결정과 판단으로 구성된다. 교육 데이터는 '아이디어, 기술, 기술자, 그리고 데이터를 생산하고 관리하고 분석하며 저장하는 사람들과 맥락'에 얽혀 있다.[35] 그러므로 교육과 데이터를 이해할 때는 그것이 구현되고 사용되는 데 기반이 되는 가치들을 반드시 인식해야 한다. 가령, 자동 채점 시스템이 어떤 학생의 과제를 낙제 처리하거나 학습 분석 플랫폼이 개인 맞춤을 이유로 교육 프로그램을 조정하는 등의 '결정'에는 특정한 가치, 편견, 이데올로기가 개입된다. 비에스타의 주장처럼, 교육에서 행해지는 모든 측정 행위는 어떤 식으로든 가치와 가치 판단을 수반한다.

교육의 방향에 관하여 의사결정을 할 때, 우리는 언제나 필연적으로 가치 판단에 관여하게 된다. 즉, 교육적으로 바람직한 것이 무엇인가에 대한 판단이다. 이는 교육의 방향에 대해 무언가를 말하고자 한다면, 사실에 대한 정보만으로는 부족하며, 무엇이 바람직한지를 판단하는 시각도 함께 필요하다는 것을 뜻한다. 다시 말해, 우리는 데이터를 평가해야 하며, 교육 평가 분야에서 오래전부터 알려져 왔듯이, 이를 위해서는 가치와 마주해야 한다.[36]

데이터, 코딩, 알고리즘은 교육에서의 의사결정과 선택에 참여하는 개인과 기관에 분명히 이점을 제공할 수 있다. 데이터와 코딩은 더 넓은 시각 속에서 맥락화되고 받아들여질 때, 그것은 교육이 어떻게 수행되는지에 대한 '일부분'으로서 유용할 수 있다. 교육에서 데이터 기반 의사결정을 지지하는 이들은 '코딩을 통해 문제를 해결하는 것'과 '문제를 해결한 뒤 그 해법을 코딩하는 것' 사이에는 큰 차이가 있다고 주장할 것이다.[37] 물론 가장 큰 위험은 데이터와 코딩을 하나의 참고 수단이 아닌 절대적인 기준으로 여기는 데 있다. 교육은 데이터 분석과 알고리즘만으로 환원되기에는 너무나 복잡한 영역이다. 일반적인 디지털 기술과 마찬가지로, 디지털 데이터에 따른 결과물이 아무리 그럴듯하더라도 이것이 교육적 딜레마에 대한 깔끔한 기술적 해법을 제공하는 것은 아니다.

따라서 교육에서 데이터의 존재를 단순히 '좋다'거나 '나쁘다'는 식으로 판단하는 것은 큰 의미가 없다. 오히려 데이터 시스템, 알고리즘, 분석을 흑백의 문제라기보다 '다양한 회색조'로 이해하는 편이 더 적절할지도 모른다. 끝으로, 키친의 말을 빌려 이 장을 마무리한다.

문제는 데이터가 단순히 좋은 방식 혹은 나쁜 방식으로만 사용되느냐는 것이 아니다. 이것은 훨씬 더 복잡한 문제다. 종종 상반되게 보이는 결과들이 하나로 엮여, 사람들은 동시에 해방되기도 하지만, 통제되기도 한다. 이들은 개인적 이익을 얻는 동시에 그들의 참여를 통해 이득을 취하려는 시스템에 얽매이게 된다.[38]

5장

에듀테크,
교육을 더 상업적으로 만드는가

서론

이 장에서는 디지털 기술이 기업과 상업적 이해관계를 교육으로 확장하는 데 있어 '좋은' 수단이라고 주장하는 논의를 다룬다. 물론 교육은 언제나 상업적 요소를 포함해 왔다. 1700년대와 1800년대의 교육은 주로 수업료를 받는 사립학교를 통해 이루어졌으며, 20세기에는 수십억 달러 규모의 교과서 산업이 학교 시스템에 내내 상당한 영향을 미쳤다. 그러나 이제 디지털 기술은 교육의 상업화를 새로운 차원으로 확장하고 있다. 요컨대, 디지털 기술은 민간 부문이 공교육의 자금 조달, 운영, 제공 방식의 중심에 자리하고 있다. 이는 불과 몇 년 전만 해도 상상하기 어려운 일이었다.

어떻게 보면 디지털 교육의 상업적 성격은 지극히 당연한 일이다. 다른 교육 영역과 달리, 디지털 기술을 설계하고, 개발하며, 제조하고, 구현하는 능력은 정부나 공공기관, 혹은 교육자의 역량을 넘어선다. 비록 교육 부문이 IT 제품과 서비스의 중요한 시장을 형성하고 있지만, 디지털 기술 생산 과정에는 거의 영향력을 미치지 못한다. 다시 말해, '디지털 교육'을 구성하는 기기, 소프트웨어 시스템, 애플리케이션을 개발하고 생산하는 데 있어 상업적 이해관계가 필연적으로 중심적 역할을 하게 된다. 그 결과, 교육은 기술 산업에서 하나의 거대한 상업 시장이 되어 가고 있다.

이로 인해 민간 부문은 교육에서 디지털 기술이 어떻게 활용되는지 결정하는 데 상당한 영향력을 행사하게 되었다. 실제로 디지털 교육에 대한 상업적 개입은 다양한 형태로 나타나고 있다. 예를 들어, 마이크로소프트, 애플, 구글과 같은 기업들은 자사 제품이 교육 환경에서 어떻게 도입되고 사용될지 기획하는 '교육 부서'를 별도로 운영하고 있다. 피어슨과 같은 출판사부터 레고와 같은 장난감 제조업체에 이르기까지, 여러 다국적 기업들도 교육 시장을 겨냥한 디지털 제품과 서비스를 활발하게 개발하며 전통적인 제품군과 고객 기반에서 벗어나 사업을 다각화하는 데 주력하고 있다. 이전까지 교육 분야에 거의 관여하지 않았던 대형 다국적 기업들마저 디지털 교육에 점점 더 깊은 관심을 보인다. 예를 들어, 루퍼트 머독(Rupert Murdock)이 이끌던 뉴스코퍼레이션(News Corporation)[i]은 교육 기술(에듀테크) 분야에 대대적 투자를 단행하며, 학교 전용 태블릿 컴퓨터인 앰플리파이(Amplify)[ii]를 자체 출시하기에 이르렀다. 반면, 기업 생태계의 말단에서는 교육이 빠르게 성장하는 '스타트업' 분야의 핵심 소재가 되고 있다. 매년 수천 명의 하이테크 창업자들이 초기 단계의 '에듀테크' 아이디어를 내놓고 벤처캐피털 회사의 투자

---

i. (역자주) 뉴욕에 있었던 미디어 복합기업이었다. 오스트레일리아와 미국의 이중국적을 가진 루퍼트 머독(Rupert Murdock)이 회장이자 최고경영자였다. 현재는 언론·출판 부문과 영화·방송 부문으로 각각 분사되었다.

ii. (역자주) 초·중등교육을 위한 구독 기반 소프트웨어를 탑재하여 학교에 판매한 태블릿이다. 다만, 2013년 출시 이후 2015년부터 신규 판매가 중단되었고, 해당 기업은 하드웨어 중심에서 디지털 교육 플랫폼과 콘텐츠 중심으로 사업 구조를 변화시키겠다고 밝힌 적이 있다.

를 받기 위해 경쟁하고 있다. 이처럼 교육 시장에 새롭게 진입한 다양한 기업들은 '교육이 어떻게 될 것이고, 어떤 모습이 되어야 하는지'에 대하여 저마다 고유한 관점과 의제를 가지고 있다.

이러한 다양한 기업들의 참여는 디지털 교육이 이제 거대한 산업이 되었음을 시사한다. 미국 연방 교육부의 보수적인 추산에 따르면, 전 세계 교육 시장 규모는 이미 5조 달러를 초과하는 것으로 평가된다.[1] 이 가운데 고등교육 분야의 이러닝 제품 시장만 해도 910억 달러 규모에 달한다.[2] 미국에서 2011/2012학년도 초·중등학교에 판매된 교육용 소프트웨어 및 디지털 콘텐츠 매출 규모는 80억 달러 수준이었다.[3] 2015년 상반기 동안 미국 에듀테크 기업에 대한 벤처 자본 투자 규모는 25억 1,000만 달러로, 역대 최고치를 갱신했다.[4] 기업 가치의 측면에서도, 수학 및 읽기 소프트웨어를 제작하는 회사인 르네상스 러닝(Renaissance Learning)[5]이 2014년 무려 11억 달러라는 금액에 매각되었다.[6] 이와 같은 수치들은 디지털 교육이 그 어느 때보다 강력한 이윤 추구의 논리에 의해 형성되고 있다는 것을 보여준다.

디지털 교육에 대한 상업적 개입의 이점

상업적 개입은 여러 면에서 디지털 교육에 도움이 된다고 할 수 있다. 첫째, IT 산업은 교육의 효율성과 향상을 뒷받침하는 새로운 기술을 설계하고 개발할 수 있는 능력을 자랑스럽게 내세운다. 물론 기술 분야에서 '혁신'이라는 말이 과도하게 남용되는 경향이 있지만, 교육 영역에서 IT 산업이 추진하는 변화는 분명 이 용어의 사전적 의미 — 기존 방식을 변화시키는 새로운 제품과 아이디어를 도입하는 것 — 와 부합하는 측면이 있다.

둘째, 대형 다국적 기업은 공공 부문 조직을 압도하는 규모의 경제를 누리고 있다. 특히 구글, 애플, 페이스북과 같은 초대형 기술 기업이 보유한 자원은 그 어떤 교육기관이나 조직, 단체의 것보다 월등하다.[7] 나아가 디지털 교육에 대한 민간 부문의 참여는 교육 영역 전반에서 신속하고 가시적인 성과를 강조하도록 한다.

끝으로 기업은 주주와 주식 시장에 대한 책임에 의해 움직일 수밖에 없다. 이러한 이유로 IT 기업들은 기술의 교육적 활동을 저해하는 전통적인 문제들을 '해결'할 수 있다고 자신한다. 구글의 한 국제 교육 담당 책임자는 이렇게 설명한다. "기술을 학교에 도입하는 것은 어려웠지만, 우리는 제공하는 솔루션은 관리하기 매우 쉽습니다. (…) 이제 마침내 학교에서 기술이 제대로 작동할 수 있게 되었습니다."[8]

이러한 포부는 공공 부문에서는 좀처럼 경험하기 어려운 규모와 속도의 변화를 이끌어 낸다. 요컨대, 이들은 '크게 생각'하고 신속하게 행동함으로써 성장하는 조직들이다. 많은 사람은 민간 부문이 공공 부문에서는 드물게 나타나는 '기업가 정신'을 불러일으킨다고 주장할 것이다. 실제로 하이테크 기업은 흔히 '다르게 생각하는 것'을 자랑스럽게 여긴다. 심지어 초대형 IT 기업조차 '외부자'이자 '이단아'로서의 정체성을 갖고 싶어 한다. 즉, 기존의 사고방식이나 '오래된 자본'의 사업 관행과 전통에 얽매이지 않는 위험을 감수하는 존재이자 경계를 확장하는 존재로 인식되기를 원한다. 이러한 특징은 특히 에듀테크 스타트업 시장에서 두드러진다. 신생 기업들은 종종 틈새시장이나 비주류적 아이디어를 기반으로 투자 자금을 유치하고자 한다. 물론 대다수는 단시간 내에 다른 사업으로 전환되거나 폐업하게 되지만, 가끔 실험적인 제안이 대규모 사업으로 확장되기도 한다. 수백 개의 에듀테크 스타트업은 기존 교육 분야의 통념으로는 받아들이기 어려운 백화제방(百花齊放)식의 논리로 움직이고 있다.

결국, 하이테크 기업과 기업가들이 디지털 제품과 디지털 기반의 교육 방식을 개발함으로써 공교육에 도전하고 이를 개혁할 자격이 있다고 여기는 것은 어느 정도 이해할 수 있다. 디지털 기술과 기술 중심의 사업 방식은, 기존의 질서와 이해관계가 '21세기형' 교육의 등장을 가로막고 있다고 의심하는 교육계 외부의 관찰자들에게 분명 하나의 대안처럼 보인다. 이런 시각에서 보면, 상업적 이해관계자들의 외부 개입과 '파격적인' 혁신이야말로 교육을 '개선'할 수 있는 가상 유력한 경로라는 주장도 일리 있다. 페이스북과 구글 같은 기업들이 등장하게 만든 창의성과 상상력을 교육 분야에도 불러올 수 있다는 믿음 때문이다. 이러한 시각은 온라인 학습 기업 유다시티(Udacity)[iii]의 공동 창립자인 세바스찬 트룬(Sebastian Thrun)의 발언에서도 드러난다. "교육은 망가졌다. 이 사

실을 인정해야 한다. (…) 너무나 많이 망가져서, 약간의 실리콘밸리 마법이 필요하다."⁹

디지털 교육과 '캘리포니아식 자본주의'의 부상

이른바 '실리콘밸리의 마법'에 대해서는 면밀한 검토가 필요하다. 과연 이 '마법'이란 정확히 무엇이며, 왜 북부 캘리포니아의 작은 지역과 밀접하게 연관된 것일까? 사실, '실리콘밸리의 마법'이라는 개념은 신흥 하이테크 경제를 떠받치는 일련의 사업 관행과 접근 방식을 가리키며, 이는 교육에 향한 관심이 증가하는 흐름과도 맞닿아 있다. 이러한 사고방식은 영국의 경제학자인 윌 허튼(Will Hutton)이 2010년대 초 팔로알토를 방문한 경험을 열정적으로 기술한 글에 자세히 나타나 있다. 허튼은 샌프란시스코 베이 지역에 머문 지 불과 며칠 만에, 구글, 오라클, 스탠퍼드 대학교 등 실리콘밸리를 상징하는 '캘리포니아식 자본주의'가 전 세계에 얼마나 중요한 영향을 미치

---

iii. (역자주) 대규모 공개 온라인 강좌를 제공하는 미국의 영리 교육 기관.

고 있는지를 깨달았다고 썼다. 그의 표현에 따르면, 우리는 점점 더 컴퓨팅 기술의 힘, 기업가 정신, 그리고 모험적인 투자 방식이라는 미서부지역의 이상이 경제·정치·문화·사회를 형성하는 세상에서 살아가고 있다.[10]

허튼에 따르면, 실리콘밸리 기업들과 그 추종자들이 사업을 바라보는 관점은 그들이 프로그래밍 및 해킹 경험으로부터 깊은 영향을 받고 있다. 그는 컴퓨터 코드를 작성하는 능력(그리고 가능하다면 대학 수준의 컴퓨터 과학에 대한 이해)이 부와 영향력을 추구하는 야심 찬 기업가에게 필수 조건이 되었다고 말한다. '중대한 변화를 이끌어 내는' 데 필수적이라는 점은 말할 것도 없다. 이러한 논리는 주커버그(Mark Zuckerberg), 래리 페이지(Larry Page)[iv], 세르게이 브린(Sergey Brin)[v], 래리 엘리슨(Larry Ellison)[vi], 피터 티엘(Peter Thiel)[vii], 잭 도시(Jack Dorsey)[viii] 등 실리콘밸

---

iv. (역자주) 구글의 공동 창립자.
v. (역자주) 구글의 공동 창립자.
vi. (역자주) 오라클의 창립자.
vii. (역자주) 페이팔의 창립자.
viii. (역자주) 트위터의 창립자였으며, 블록체인 기반 모바일 결제 기업인 블록(Block)의 최고경영자.

리를 대표하는 기업가들의 사례에서 분명히 드러난다. 이 하이테크 억만장자들은 여전히 프로그래머적 사고방식에 깊이 빠져 있다. 컴퓨팅 파워에 대한 신념과 '항상 연결된' 네트워크 기반의 삶을 바탕으로 끊임없는 발명과 혁신을 추구하는 것이다. 이는 밤샘 코딩이 일상화된 문화, 야심 찬 스타트업들(대부분은 빠르게 실패하는)이 연달아 등장하고 '다가올 대박'에 대하여 과감히 투자하는 컴퓨터 기술에 능숙한 벤처 자본가들과 '엔젤 투자자'[ix]들이 동반되는 환경을 뜻한다.

캘리포니아식 자본주의는 분명 전통적인 이윤 추구를 주요 동력으로 삼고 있다. 그러나 허튼은 그 뿌리를 코딩과 프로그래밍 문화 속에서 찾으면서, 이를 완전히 새로운 태도에서 비롯된 사업 방식이라고 보았다. 이러한 기업들은 대담한 아이디어, 컴퓨팅 문제 해결 능력, 기업가 정신, 개방성, 협업, 실패를 통한 학습, 그리고 끊임없는 자기 확신과 낙관주의를 기반으로 운영된다. 또한, 지속적인 변

[ix] (역자주) 기술력과 아이디어는 있지만 자금력이 부족한 창업 초기 기업에 자신의 자산으로 자금을 투자하는 부유한 개인이나 고위험을 감수할 수 있는 민간 투자자.

화와 실험을 요구하는 불안정성이 필연적으로 수반되며, 이는 과거의 성공에서 얻은 이윤을 새로운 사업에 끊임없이 재투자하는 방식에서 가장 두드러진다. 이러한 사고방식은 조직보다는 개인의 역량을 중시하며, 일정 수준의 변화와 파괴를 통해 창조적 가능성을 극대화하는 데 초점을 맞추고 있다."

아마도 가장 주목할 만한 점은, 허튼의 글이 하이테크 업계의 핵심 인물들의 '변화시키려는' 욕구와 함께 주주들에게 안정적인 수익을 보장하려는 열망을 포착했다는 것이다. 그는 실리콘밸리가 '고결한 의도'를 갖고 있으며, 세계 보건이나 세계적 빈곤 같은 '거대한' 사회 문제에 능동적으로 개입하고자 하는 가치 중심의 열망을 지녔다고 극찬했다. 투기적 투자와 대대적인 기업공개(IPO)의 이면에서, 허튼의 이 새로운 개척지에서 작성된 보고서는 1970년대 '홈브루(Home-brew)'[x] 컴퓨팅 운동을 이끌었던 반문화적 히피 정신을 떠올리게 한다. 그는 이렇게 말했다. "성공적인 기업가 정신이란 최첨단 기술을 활용해

---

x. (역자주) 가정에서 직접 만든 컴퓨터를 말한다.

인간의 욕구와 열망을 해결하려는 데 있다. 그것은 기업이 사회의 일부고, 자신을 길러낸 문화와 공공 인프라 덕분이라는 점을 이해하는 것이다."[12]

큰 생각, 더 큰 지출
-디지털 교육에 미치는 상업적 영향력의 규모

'캘리포니아식 자본주의'라는 개념을 받아들인다면, 최근 많은 하이테크 기업과 기술 기업가들이 교육 분야에 눈을 돌리고 있는 현상은 충분히 이해할 만하다. 교육은 하이테크 기업이 '변화를 만들어내는' 동시에 수익을 창출할 수 있는 대표적인 사회 영역이다. 이는 단순히 교육이 기술 산업의 상업 시장이 되는 것이 아니라, 교육 자체가 상업적 방식으로 재편되는 보다 근본적인 전환으로 이어진다.

말라리아 퇴치나 자율주행차 개발 시도만큼 대외적으로 주목받지는 않지만, 디지털 산업이 교육 분야에 점점 더 깊숙이 개입하고 있는 흐름은 자연스럽다고 할 수 있다. 그 대표적인 사례가 대형 다국적 IT 기업들이 운영하는 체계적이며 방대한 교육 프로그램이다. 이 프로그램들은 통상 자선 사업이나 '기업의 사회적 책임'이라는 명목으로 추진된다. 그 활동 범위는 '미래 학교'[13]의 물리적 설계와 구축, 교사 연수 프로그램 개발, 대안 교육과정 개발은 물론, 학교에 컴퓨터 하드웨어와 소프트웨어 및 인프라 제공 등에 이르기까지 다양한 형태로 펼쳐지고 있다.

그러나 이러한 대중적 활동의 이면에는 IT 산업의 이해관계에서 비롯된 훨씬 더 야심 차고 대담한 계획이 자리하고 있다. 예를 들어, 페이팔 창립자인 티엘이 추진한 '티엘펠로우십(Thiel Fellowship)'은 젊은이들에게 10만 달러를 지원하여 대학을 중퇴하고 창업할 것을 장려한다. '학교에서 시간을 낭비하고 엄청난 빚을 떠안기' 대신 세상을 바꿀 사업을 개발하며 꿈을 추구하라는 것이다.[14] 더 큰 규모의 사례도 있다. 주커버그가 페이스북 외에 처음으로 시작한 개인 프로젝트 중 하나는 '스타트업: 교육(Start-up: Education)'이라는 이름의 비영리 재단이었다. 이 재단은 다양한 교육 사업을 총괄하며, 특히 주커버그가 교육 분야에서 '큰일'을 하겠다는 약속을 실천하는 과정에서 조성된 개인 기부금을 관리한다.[15] 뉴어크 교육구에 기부한 1억 달러, 샌프란시스코 베이 지역의 학교들에 기부한 1억 2천만 달러도 이 재단을 통해 이루어졌다. 물론 이 정도의 금액은 교육구의 연간 수십억 달러 규모의 예산에 비하면 일부에 불과하다고 볼 수도 있다. 그러나 만성적인 재정 부족에 시달리는 공교육 현실에서 이처럼 대규모의 민간 기부는 결코 흔한 일이 아니다.

이러한 사례들은 IT 산업의 막대한 자금이 교육 분야에서 얼마나 강력하게 영향력을 발휘할 수 있는지 분명히 보여준다. 이들은 교육개혁 논의에서 점점 더 강한 목소리를 내고 있고, '디지털 시대'의 교육이 어떻게 구상될 것인가에 대해 미묘한 방식으로(때로는 노골적으로) 결정적인 역할을 하고 있다. 예컨대, 빌 게이츠(Bill Gates)의 자선 활동을 살펴보자. 그는 마이크로소프트의 경영 일선에서 물러나 오랫동안 교육개혁에 관심을 가져왔다. 게이츠 재단은 방대한 교육 프로그램을 운영하고 있다. 이 재단은 미국의 표준화된 시험과 공통 핵심 기준[xi]을 바탕으로 최근 미국 학교 개혁을 주도하는 핵심적 역할을 해왔다. 마찬가지로, 게이츠 재단은 미국 고등교육의 개혁을 위해 4억 7천만 달러 이상을 투자하여 연구를 의뢰하고, 프로젝트를 지원했다. 미국 고등교육 전문 잡지인 『더 크로니클 오브 하이어 에듀케이션(Chronicle of Higher Education)』은 이 환경을 '같은 생각만 반복되는 공간'[16]이라고 비판했으며, 교육사학자이자 교육정책 분석가인 다이앤 래비치(Diane Ravitch)는 "게이츠 재단의 지원을 받지 않은 교육기관을 찾는 것이 어려울 정도다"라고 지적했다.[17] 공교육을 기술 주도 혁신 중심으로 개혁하겠다는 분명한 의지와 관련하여 게이츠는 다음과 같이 말했다. "현재 우리가 제공하는 교육, 혹은 제공하는 방식은 지속 가능하지 않다. 대신 우리는 이렇게 물어야 한다. '어떻게 하면 기술을 도구로 활용해 대학 경험 전체를 새롭게 재구성할 수 있을까? 어떻게 하면 더 많은 사람들에게 더 나은 교육을 더 적은 비용으로 제공할 수 있을까?'"[18]

---

xi. (역자주) 국내에서 '공통 핵심 기준' 또는 '공통 핵심 교육과정' 등으로 번역되고 있으며, 2010년 6월 전국주지사협회(NGA)와 전국학교행정대표자협의회(CCSSO)가 공동으로 발표한 "Common Core State Standards(CCSS)"를 가리킨다. 교육의 질과 공교육의 책무성을 높이고자 언어와 수학 과목에서 학년별로 가르쳐야 하는 교육과정의 기준을 제시한 것인데, 연방정부가 주 정부의 자율성을 침해하게 되었다거나 학교가 지원금을 받기 위해 시험 결과에만 천착하게 되는 등 논쟁의 대상이 되기도 했다.

이처럼 교육과 디지털 기술에 대한 상업적 지배력은 대규모 자선 활동이나 유명 재단을 통해서만 행사되지 않는다. 주요 하이테크 기업은 교육정책 결정 과정에서 상당한 수준의 '소프트 파워'를 행사하고 있다. 예컨대 최근 초·중·고등학교에서 코딩과 프로그래밍 교육에 대한 관심이 급격히 높아지고 이를 좋은 아이디어'라고 인식하게 된 데에는 '기술 산업의 핵심 엘리트'들이 지속적으로 전개한 로비 활동이 적잖은 영향을 미쳤다.[19] 학교에 코딩 교육을 도입해야 한다는 주장을 뒷받침하기 위한 각종 연설, 시범 운영 프로그램에 대한 자금 지원, 그리고 정부에 대한 물밑 설득 등이 이뤄졌다. 그 상당 부분은 컴퓨터 게임 산업, 인터넷 기업, 소프트웨어 개발자는 물론 주요 기업가와 투자자가 주도해 온 것이고, 현재도 계속되고 있다.

코딩 교육의 확산과정에서 특히 활발한 목소리를 낸 인물 중 하나는 구글의 회장 에릭 슈미트(Eric Schmidt)였다. 2010년대 초반 몇 년간, 슈미트는 각국 교육 의제에 코딩과 컴퓨팅 기술에 관한 내용을 포함하고자 상당한 노력을 기울였다. 그는 영국 미디어 업계를 대상으로 한 연설에서 다음과 같이 격정적으로 말했다. "당신들의(영국의) IT 교육과정은 소프트웨어 사용법을 가르칠 뿐, 그것이 어떻게 만들어지는지에 대한 통찰은 전혀 제공하지 않는다. 이는 위대한 컴퓨팅 유산을 그냥 버리는 일이다."[20] 널리 알려진 이 발언은 IT 업계의 강력한 지지를 받았고, 이후 각국 정부의 장관, 교육 관료들이 '무언가 조치를 취해야 한다'라는 주장의 근거로 반복 인용했다. 구글의 수장과 같은 영향력 있는 인물이 공교육 시스템에 의견을 표명할 때, 정책 결정자들은 이를 매우 비중 있게 받아들이는 경향이 있다.

기업이 디지털 교육에 개입하는 방식은 때때로 복잡한 권력의 네트워크 속에 가려져 있다(대개는 얽혀 있다). 그 대표적인 사례가 2010년대 급부상한 대규모 공개 온라인 강좌인 무크다. 무크의 급속한 성장은 대규모 온라인 대학 교육을 중개하려는 세 개의 내형 스핀오프 기업의 설립으로 가속화되었다. 그중 가장 규모가 컸던 기업 중 하나가 코세라(Coursera)였는데, '사회적 기업가 정신'을 가진 영리 기업을 표방했다. 코세라는 스탠퍼드 대학교 교수들 몇몇이 주도한 것으로 알려졌지만, 실제로는 8,500만 달러에 달하는 벤처 자본 투자를 기반으로 성장했다. 투자자에는 세계은행의 투자처인 로리에트에듀케이션(Laureate Education Inc.), 피어슨을 최대 유한책임사원으로 둔 런캐피탈벤처파트너스(Learn Capital Venture Partners), 그리고 러시아의 강력한 벤처 자본가 유리 밀너(Yuri Milner) 등이 포함됐다. 전 세계 대중에게 무료학습 기회를 제공한다는 점에서 무크는 혁신적 방식이라는 찬사를 받았지만, 디지털 교육이 그 기원, 목적, 지속성 측면에서 분명히 상업적인 성격을 띠고 있음을 보여주는 대표적인 사례이기도 하다.

상업적 영향력은 어떤 방식으로든 최근의 하이테크 기반 교육개혁과 대부분의 교육정책에 관여하고 있다. 실제로 자금의 흐름을 따라가 보면, 하이테크 기업들이 최신 에듀테크 발전과 주요 아이디어 대부분(혹은 전부)의 후원자이자 촉진자임을 알 수 있다. '디지털 배지', '거꾸로 교실', 고등학교 교육과정의 '게임화', 또는 '21세기 역량'과 같은 겉보기에 무해한 개념조차 예외가 아니다. 이 모든 아이디어는 모질라(Mozilla), 맥아더 재단(MacArthur and Gates Foundation), 피어슨, 시스코, 인텔, 마이크로소프트, 애플과 기타 여러 IT 기업들과 관련된 조직들의 지원으로 확산되고 있다.

결국 이러한 산업의 흐름은 공교육 구조를 재편하고 방향을 전환하도록 상당한 압력을 가하고 있다. 이 모든 흐름 속에서, 현대 교육개혁에 대한 상업적 개입의 폭과 깊이는 결코 과소평가되어서는 안 된다. 카레이(Kevin Carey)가 지적했듯이, 오늘날 교육 분야에서 가장 폭넓은 영향력을 행사하려는 주요 인물들은 더 이상 교육자나 학자가 아니라, 프로그래머와 해커, 그리고 이들을 둘러싸고 성장한 조 달러 규모의 산업이다.[21]

상업적 개입의 이점에 대한 문제 제기

이 장에서 다룬 모든 내용을 바탕으로 이제 우리가 던져야 할 핵심 질문은 '그래서 어쩌란 말인가?'다. 교육이 기술 기반의 상업적 이해관계, 아이디어, 투자에 따라 점점 더 좌우되고 있다는 사실은 어떤 의미를 갖는가? 겉보기에, 교육 분야에 대한 상업적 개입이 반드시 문제라고만 볼 수는 없다. 많은 이들은 억만장자인 기업가가 벌어들인 재산 일부를 어려운 지역사회에 환원하는 것에 대해 당연하다고 여기며, 새로운 기술과 기법을 보다 효율적으로 활용하려는 시도가 왜 비판의 대상이 되어야 하는지 의문을 품을 수 있다. 마찬가지로, 기업, 재단, 그리고 그 지도자들이 보이는 일련의 행태도 놀랍지 않다. 결국 이윤을 추구하는 기업은 언제나 시장이 허용하는 한 최대한 효율적으로 운영되기 마련이다. 또한, 대부분 기업은 겉보기에 '무료'로 제공되는 제품과 서비스를 수익화해야 한다는 점을 당연하게 여기고 있다. 앞서 언급한 사례 중 어느 것도 교육과 기술을 접목한 사업 방식으로서 특별히 논란이 될 만한 것은 없어 보인다.

그러나 문제는 이러한 개입 방식들이 실제 교육 현장에서 별다른 효과를 내지 못하거나, 오히려 새로운 논란을 불러일으키는 경우가 많았다는 점이다. 기업들은 거창한 변화를 약속하거나 주장했지만, 이들이 해결하고자 했던 교육의 위기와 문제는 여전히 지속되거나 도리어 심화되기도 했다. 디지털 기술에 기반한 상업적 교육개혁은 많은 것을 약속했지만, 결과는 그 기대에 훨씬 미치지 못했다. 이는 상업적 이해관계, 디지털 기술, 그리고 교육이라는 세 영역이 결합하는 과정에 내재한 문제를 분명하게 보여 준다.

 이러한 문제들은 교육계가 변화와 개혁에 대하여 저항했기 때문이라고 보기 어렵다. 교원노조, 교육행정기관 혹은 잘못된 정보에 휩싸인 학부모들이 자기 이익을 위해 반대했기 때문이라고 단정할 수도 없다. 오히려 앞서 언급된 사례들은 교육계가 하이테크 산업을 이해하지 못해서가 아니라, 하이테크 산업이 교육을 제대로 이해하지 못했기 때문에 벌어진 결과라고 봐야 한다. 실제로, 대부분 문제는 공교육의 디지털 개혁이 불가피하다는 전제를 아무런 의심이나 비판 없이 받아들이도록 하는 민간 부분의 가치 체계에서 비롯된 것이라고 할 수 있다.

 특히, 코세라나 티엘펠로우십 등과 같은 혁신 사례들은 전술한 캘리포니아 자본주의의 핵심 가치와 밀접하게 맞닿아 있다. 이들은 (적어도 암묵적으로) '교육'을 하나의 독립적인 컴퓨팅 프로젝트로 취급하는 경향을 보인다. 즉, 교육을 조정할 수 있는 변수들의 집합으로 간주하고, 오류와 비효율성을 제거하며, 최적화가 가능한 체계로 보는 시각이다. 컴퓨팅 프로젝트와 마찬가지로, 실험과 시행착오를 통한 학습도 강조된다. 대부분의 벤처 기업이 그러하듯 특정 문제에 막대한 자금을 투입하면 그에 상응하는 성과가 나올 것이라는 신념이 깔려 있다. 이러한 파괴적 혁신의 방식은 프로그래밍 문화가 강조하는 개방성, 관료 중심의 기관과 '전문가'의 비효율성에 대한 회의, 그리고 개인의 자유와 맞춤형 행동을 중시하는 자유주의적 신념과도 맞닿아 있다.

결과적으로 이러한 사고방식은 일반적으로 교육개혁이 이루어져 온 방식과는 전혀 다른 접근법을 만들어낸다. 교육계 내부자들에게 이러한 아이디어들은 신선하게 느껴질 수 있지만, 동시에 불안과 위협의 대상이 될 수밖에 없다. 현재 교육에 관여하고 있는 모든 이들에게 오늘날의 변화는 분명 이전과는 다른 것이다. 이러한 신념 체계의 참신함을 감안하면, 상업적 맥락에서 주도된 교육의 '대전환' 시도가 여러 분야에서 환영받고 있다는 것은 그리 놀라운 일이 아니다. 예컨대, 무크나 '거꾸로 교실'과 같은 개념들은 공교육 시스템 내의 비효율성과 불평등을 극복하는 창의적이고 유망한 대안처럼 보일 수 있다. 그렇다고 해도, 우리는 분명히 이러한 시도들에 대해 신중하게 접근해야 할 몇 가지 이유가 있다.

명백한 문제 중 하나는 가치와 이해관계의 (비)호환성이다. 게이츠는 기술 기업가와 교사 간의 '선순환'을 강조하지만,[22] 이러한 관계가 반드시 선의나 이타심에서 비롯된 것은 아니다. 공교육에 대한 민간 부문의 참여는 다양한 동기에서 이루어진다. 여기에는 이윤 추구, 브랜드 인지도 제고, 그리고 미래 노동력의 '역량 강화' 등의 목적이 포함된다. 그 동기가 무엇이건 간에, 기업과 기업가들은 교육에 기존과는 다른 가치와 목표를 이식하려는 경향이 있다. 따라서 우리가 고민해야 할 핵심 질문은, 이러한 '새로운' 가치와 감각이 과연 '공'교육의 전통적인 가치와 감각과 얼마나 양립할 수 있는가 하는 점이다.

이와 같은 견지에서, 하이테크 산업의 핵심 가치의 일부는 교육의 맥락과 쉽게 접점을 이루지 못할 수 있다. 가장 대표적으로 생각할 것이 교육 시장과 교육 소비자의 수익성을 과대평가할 가능성이다. 이 장에서 다룬 상업주도적 '변화'와 '파괴적 혁신'의 대부분은, 실질적으로 수익이나 보상이 불투명한 상황에서 외부의 막대한 자금을 조달받아 이루어진 것이다. 이러한 방식은 기술 산업에서는 익숙할지 모르지만, 교육 분야에서는 상대적으로 낯선 자금 조달 모델이다. 이에 대해 오드리 워터스(Audrey Watters)[xii]는 다음과 같이 지적한다.

> "에듀테크 스타트업들은 (초기 단계의) 투자 유치에는 점점 더 성공하고 있지만, 수익성을 확보하는 길은 여전히 불분명하다. (…) 요즘 흔히 볼 수 있는 방식은 이렇다. [에듀테크] 제품을 무료로 출시한다. 사용자를 확보한다. 이후 수익화한다. 만약 이 방법이 통하지 않거나 비즈니스 모델을 더 고민할 시간이 필요하다면, 그냥 추가 투자를 유치하면 된다."[23]

지속 가능한 사업 방식의 부재보다 더 근본적인 문제는, 과거 교육 외부에서 성공을 거둔 상업적 접근 방식이 교육 영역에서도 그대로 통하리라는 오판이다. 많은 하이

---

xii. (역자주) 에듀테크에 관하여 글을 쓰는 연구자.

테크 기업과 기업가들은 종종 상업적 성공을 거둔 모델과 접근 방식을 단순히 '확장'하기만 하면 교육에서도 유사한 성과를 거둘 수 있다고 여긴다. 이와 같은 접근은 대담한 아이디어와 기업 윤리를 공공영역에 적극적으로 적용하는 긍정적 시도로 이해될 수도 있지만, 실제로 실행될 교육 현장의 맥락을 깊이 고려하지 않은 채 실행되는 경우가 많다. 크리스토퍼 나이렌(Christopher Nyren)[xiii]은 첫 번째 '닷컴' 붐 당시 대규모 에듀테크 투자가 실패한 이유에 대하여, 실리콘밸리 기업들이 교육 소비자들이 직면한 '실제 시장 문제'를 간과한 채, '포장된' 그리고 '과잉 설계된 제품'에만 집중하는 경향이 있다고 지적했다.[24] 말하자면, 많은 하이테크 기업들의 교육개혁 접근은 분명히 순진함 ― 혹은 오만함 ― 을 내포하고 있다.

앞서 논의한 것처럼, 교육을 컴퓨터 코딩 문제처럼 정량화할 수 있는 변수 체계로 접근하는 상업적 시각에도 비판이 제기될 여지가 있다. 이는 본질적으로 복잡하고 혼

---

xiii. (역자주) 교육에서 기술 활용과 기업가 정신을 장려하는 사람들의 네트워크인 에듀셀러레이트(Educelerate)와 교육산업 투자 자문회사인 에듀케이티드벤처스(Educated Ventures)의 설립자.

란스러운 사회적 현상을 지나치게 단순화하는 접근 방식이다. 예를 들어, 사회적 관계와 도덕적 문제와 같은 요소들은 아무리 정교한 방정식이나 알고리즘을 활용하더라도 '교육' 또는 '학습'을 모델링하는 과정에서 필연적으로 배제된다. 교육은 명확하게 정의되고, 경계가 설정된 정량적 프로세스나 시스템이 아니다. 교육은 미세 조정하고 재설정하여 최적의 인과관계를 만들어낼 수 있는 변수를 거의 포함하지 않는다.

더욱이, 많은 상업적 개입의 많은 부분은 반복적 실패를 통해 성공을 달성하는 구조에 기반하고 있다. 하이테크 산업에서는 효과적인 접근 방법으로 간주되는 전략이다. 예를 들어, 대부분의 스타트업이 실패하더라도, 결국 극소수의 '게임 체인저'가 살아남아 시장을 재편할 것이라는 논리다. 그러나 '빠르게 실패하고, 자주 실패하라'라는 실험적 접근 방식은 교육구, 학교, 혹은 개별 학생들의 미래를 걸고 감당할 수 있는 대상이 아니다. 이러한 접근법은 전통적인 교육 철학, 즉 모든 학습자가 성공할 수 있도록 지원해야 한다는 원칙과 명백하게 충돌한다. 사회 전체적으로 볼 때, 현재 학생들의 삶의 기회를 위험에 빠뜨

릴 가능성을 감수하면서까지 교육을 하나의 실험으로 취급하는 것이 과연 타당한가? 이에 대해 빌 게이츠는 자신의 재단이 추진한 교육개혁을 돌아보며, 다음과 같이 언급했다. "우리의 교육 프로젝트가 효과를 거두면 좋겠지만, 아마도 그 결과를 알게 되려면 10년은 걸릴 것이다."[25]

따라서 '혁신', '파괴적 혁신', 그리고 '마법'이라는 상업적인 구호 아래 추진되는 교육의 형태에 대해 근본적인 질문이 제기되어야 한다. 특히, 디지털 교육개혁이라는 새로운 흐름 속에서 중요한 공공의 핵심 가치들이 사라질 위험에 처했다는 점을 결코 가볍게 볼 수 없다. 예를 들어, 사회적 결속, 공동체 의식, 공동의 책임, 그리고 개인의 이익보다는 집단의 선을 우선하는 가치와 같은 이상이 위협받고 있다. 기회 평등과 결과의 평등이라는 가치 역시 위태로워지고 있다. 결국 우리가 진지하게 고민해야 할 것은, 공교육이 실리콘밸리의 기술 기업, 기업가, 그리고 그들의 추종자들이 설계한 방향으로 재편되는 과정에서 과연 우리가 무엇을 얻고 있으며, 동시에 무엇을 잃고 있는가 하는 점이다.

마지막으로, 상업적 개입이 교육 거버넌스의 민주적 과정을 어느 정도까지 악화시키고 있는가에 대해서도 심각한 의문을 제기할 필요가 있다. 수십억 달러 규모의 다국적 기업들이 교육개혁에 개입하고 관심을 가지는 것은, 본래 지루하고 관료적인 교육행정과 정책 결정 과정에 일종의 화려함과 카리스마를 부여하는 효과를 낳는다. 그 결과, 하이테크 기업과 그 리더들은 교육의 의제를 설정하는 데 중요한 역할을 하게 된다. 특히 이들은 교육의 '문제'를 정의하고 그 '해결책'을 제시하는 과정에서 강력한 영향력을 행사하고 있다.

간단히 말해, 게이츠, 슈미트, 주커버그와 같은 인물들이 교육에 대해 한마디하면, 정치인과 정책 결정자들은 기꺼이 귀를 기울이려는 경향이 뚜렷하다. 그러나 이러한 상업적 이해관계가 교육개혁의 중심을 차지하게 되면서 치러야 하는 대가 역시 분명하다. 앤서니 피치아노(Anthony Picciano)[xiv]와 조엘 스프링(Joel Spring)[xv]은 미국이 디지털 교육정책으로 '스위스 치즈'식 정부 운영 체

---

xiv. (역자주) 교육 분야 디지털 기술을 다루는 미국의 연구자.
xv. (역자주) 글로벌 교육정책을 다루는 미국의 연구자.

계로 전락했다고 경고한 바 있다.[26] 즉, 주 정부와 연방 정부는 사실상 '민영화된 공공 서비스'가 되어버린 교육을 제대로 규제하거나 심지어 그 변화를 따라가는 것조차 어려운 상황에 처해 있다는 것이다. 대신, 구글과 마이크로소프트 같은 거대 기업들은 공식적인 공교육 기관이 아님에도 불구하고, 교실과 학교에서 이루어지는 교육의 실질적 방향을 좌우하는 '그림자 교육부'처럼 기능하고 있다. 그러나 이들은 민주주의 체제에서 공직자들에게 요구되는 책무성과 책임을 전혀 지지 않는다.

결론

이 장에서 제기된 우려에 대해 동의하든 동의하지 않든, 상업적 이해관계에 의해 주도되는 '새로운' 디지털 교육의 형태는 우리가 익숙하게 경험해 온 공교육과는 확연히 다른 의제와 이념을 바탕으로 전개되고 있다. 이러한 변화의 방향성과 강조점은 '좋은 것'일 수도 있고 아닐 수도 있다. 그러나 보다 깊은 인식, 활발한 토론, 그리고 면밀한 검토가 절실히 요구된다는 점은 분명하다. 특히, 다음과 같은 핵심적인 논의 지점들이 여전히 해결되지 않은 채 남아 있다.

- 공교육 전문가들은 이러한 새로운 교육 형태와 협력할 것인가, 아니면 대립할 것인가?
- 이러한 개혁은 양자택일의 선택지인가, 아니면 상호 이익이 되는 절충안이 가능한가?
- 타당한 대안은 존재하는가? 그렇다면 어떻게 개발될 수 있을 것인가?

이러한 어려운 질문들에 대해 명확한 해답을 내리기 어렵다고 하더라도, 이 개혁을 단순히 무시하거나 위협적이지 않다고 가정해서는 안 된다. 오히려, 상업적으로 주도되는 디지털 교육 형태는 현재의 공교육 체제에 중대한 도전을 제기하며, 이는 교육에 관여하는 모든 '이해관계자'들이 인식하고 시급히 대응해야 할 문제다.

6장

'좋은' 교육을 위한 디지털 기술

서론

　기술이 '좋은 것'인지 여부와 상관없이, 기술은 현대 교육의 핵심적인 요소라는 점은 분명하다. 오늘날 교육의 많은 부분이 기술과 함께, 혹은 기술을 통해 이루어지고 있기 때문에, 이제 '디지털 교육'이나 '기술 기반 교육'이라는 개념을 '교육'과 구별하여 논의하는 것이 점점 더 불필요해 보이기도 한다. 그러나 이 책에서 강조했듯이, 최근 교육의 디지털화가 갖는 의미는 단순한 기술 도입이 아니라 그에 수반되는 상당한 변화와 개혁의 가능성에 있다. 앞선 다섯 개의 장에서는 교육이 제공되는 방식, 조직되는 방식, 그리고 학습자들이 교육에 참여하는 방식에서 나타나고 있는 근본적인 변화에 대해 살펴보았다. 디지털 기술은 분명히 정보와 지식이 생성되고, 접근되고, 활용되는 방식을 재구성하고 있다. 또한, 디지털 기술은 사람들이 의사소통하고, 상호작용하며, 함께 학습하는 방식을 변화시키고 있다. 좋든 나쁘든, 디지털 기술은 교육의 핵심 요소 중 많은 부분을 빠르게 변화시키고 있다.

물론, 이러한 변화가 단순하거나 순조롭게 진행되는 것은 아니다. 이 책에서는 기술과 교육이 맞물리는 과정에서 반복적으로 나타나는 복잡성을 강조해 왔다. 그중 하나는 기존의 질서를 근본적으로 뒤흔드는 변화를 거의 (또는 전혀) 일으키지 않으면서, 표면적 변화만이 대거 이루어지고 있다는 점이다. 기술 발전으로 무크, 학습 분석, 맞춤형 평가, 개인화된 학습 네트워크가 부상하고 있지만, 교육에 뿌리 깊게 자리한 불평등과 비효율성, 그리고 제도적 관성은 여전히 극복되지 않고 있으며, 이러한 현실은 종종 외면된다. 이러한 결론이 처음 제기된 것도 아니다. 기술과 교육을 비판적으로 논하는 담론에서는 흔히 '변하는 것이 없다', '새 병에 담긴 옛 포도주'와 같은 냉소적인 시각이 관찰된다. 교육과 기술의 역사는 이러한 상투적인 표현들보다 훨씬 더 복잡하고 다층적인 맥락을 지니고 있지만, 우리는 지난 40년간의 디지털 혁신이 이 책의 서두에서 제기된 여러 교육적 문제들을 근본적으로 새롭게 정의하지는 못했다는 점을 다시금 상기할 필요가 있다. 이와 관련해, 기술 비평가인 네일 포스트만(Neil Postman)은 종종 헨리 데이비드 소로우(Henry David Thoreau)의 말을 빌려 이렇게 결론짓곤 했다.

"우리의 모든 발명품은 단지 개선된 수단일 뿐이며, 여전히 개선되지 않은 목표를 향해 나아가고 있을 뿐이다."[1]

도대체 '좋음'이란 무엇인가?

이러한 개선(악화)에 대한 논의는 충분히 의미가 있지만, 여전히 이 책의 핵심 전제에 관한 논의가 남아 있다. 즉, 기술은 교육에 좋은 것인가, 아닌가? 분명 이 책의 제목은 의도적으로 직설적이며, 기술과 교육에 대한 익숙한 가장을 흔드는 출판 전략이기도 하다. 즉, 기술이 반드시 좋은 것만은 아닐 수도 있다는 가능성을 제기함으로써, '기술은 교육에 좋은가?'라는 질문 자체가 이 논의를 처음부터 문제적 대상으로 삼고 있다. 그러나 충분히 정교한 결론을 도출하는 데 한계가 있다는 점은 분명하다. 기술이 교육에 좋은지 여부는 명확한 답이 존재할 수 있는 단순한 문제가 아니다. 앞선 다섯 개의 장을 읽은 독자라면, 이 질문에 단순히 '예' 또는 '아니오'라고 답하는 것이 어리석은 일임을 충분히 깨달았을 것이다. 어떤 결론을 내리기에 앞서, 먼저 '좋음'이 무엇을 의미하는지에 대한 합의가 필요하다.

철학적 의미에서 '좋음'은 일반적으로 어떤 사안이 갖는 중요성 또는 가치를 의미한다. 따라서 기술과 같은 주제는 절대적 '좋음'이 아니라 상대적 '좋음'의 관점에서 이해되는 경향이 있다. 즉, 디지털 기술 자체에 본질적으로 교육적 '좋음'이 내재되어 있지는 않다. 대신, 이 책에서 다룬 내용이 '좋은지' 여부를 판단하는 것은 일련의 가치 판단 — 어쩌면 도덕적 판단까지도 포함될 수 있는 — 에 달려 있다. 그리고 이러한 판단은 합의보다는 논쟁을 불러일으킬 가능성이 더 크다. 따라서 이제부터 다루는 모든 내용은 객관적 사실이라기보다는, 견해와 논쟁의 영역으로 보아야 한다.

이 책의 제목이 제기하는 질문을 가장 직접적으로 해석하는 방식은 디지털 기술이 '효과적인' 교육을 가능하게 하는가의 관점에서 바라보는 것이다. 이러한 맥락에서 본다면, 기술은 적어도 부분적으로 '좋은' 것이라고 평가될 수 있다. 분명 이 책에서 설명된 디지털 기술의 상당 부분은 비용 측면에서 교육 제공자와 교육 소비자 모두에게 효율적인 교육 형태를 지원한다. 또한, 디지털 기술이 가진 규모의 경제는 교육 전반에 걸쳐 기술 도입이 확산되는 주요 요인 중 하나다. 나아가, 디지털 기술은 교육의 양과 다양성을 증가시키는 데 있어 분명히 효과적이라는 점을 부인하기 어렵다. 그렇다고 해서 디지털 기술이 전적으로 효과적이라고 보는 것은 성급한 판단이다. 예를 들어, '효과성'이 교육에서 중요한 문제로 부각된 것은 1960~1970년대 '효과적인 학교' 운동을 통해서였다. 당시 효과성은 사회경제적 지위나 가정 배경과 무관하게 모든 학생을 교육할 수 있는 교육자와 교육기관의 역량이라는 관점에서 정의되었다. 그러나 앞선 다섯 개 장의 논의를 되돌아보면, 디지털 기술은 이러한 기준을 충족시키지 못하고 있다는 비판을 피하기 어렵다.

따라서 디지털 기술의 교육적 '좋음'을 판단할 때 단순히 개설된 강좌 수나 수강하는 학생 수와 같은 지표만을 기준으로 삼아서는 안 된다. 철학자 비에스타의 지적에 따르면, '효과성'(혹은 교육계에서 흔히 선호하는 탁월성과 유사한 개념)은 결국 과정에 대한 평가일 뿐이다.[2] 이러한 용어들은 교육과정의 결과, 즉 교육의 내용 —'무엇을(of what)'— 이나 그 목적과 의도 —'무엇을 위해(for what)'— 에 대해서는 아무것도 말해주지 않는다. 따라서 '효과성'이라는 기준만으로는 사회적으로 중요한 영역인 교육을 제대로 이해하기 어렵다. 예를 들어, 유전자 변형 작물이나 원자력 발전을 논의할 때, 단순히 그것이 '효과적'인지만을 기준으로 삼으려는 사람은 거의 없다. 마찬가지로 우리는 '좋은 교육'이 무엇인지에 대해서 더 면밀하게 고민할 필요가 있다. 이는 단순히 '효과성'이라는 가치 중립적 기준으로 접근할 수 없는 문제임이 분명하다. 오히려, 이는 교육의 '이유'와 '목적'에 대한 각자의 의견과 신념에 깊이 관련된 가치가 내포되어 있는 가치 판단의 문제다.

이 시점에서 교육적 가치에 대한 논의는 종종 보수적 혹은 진보적, 전통주의적 혹은 자유주의적 입장이라는 대립 구도로 나뉘기 쉽다. 그러나 이러한 구분은 교육에 대한 논의를 지나치게 단순한 양자택일의 문제로 축소해 버린다. 분명 이러한 입장들은 가치 지향적이지만, 정작 교육의 목표와 목적이 무엇이어야 하는지에 대한 근본적인 질문을 회피하는 경우가 많다. 이런 점에서, 기술의 '좋음'(혹은 그렇지 않음)을 판단하는 방식에도 보다 정교한 시각에서 접근할 필요가 있다. 즉, 우리는 '교육의 목적을 무엇이라고 생각하는가?'라는 관점에서 기술을 평가하는 것이 더 유용할 수 있다. 이러한 맥락에서, 비에스타는 디지털 교육이 평가될 수 있는 세 가지 주된 요소가 있다고 제안한다.

- 자격 부여: 개인에게 '무언가를 할 수 있도록' 하는 지식, 기술, 이해력, 태도를 갖추게 하는 것이다. 이는 고용을 위한 직업 훈련일 수도 있지만, 시민 교육, 시민권, 문화에 기여, 혹은 사회에 기여할 수 있는 일반적인 능력을 갖추는 것도 포함된다.
- 사회화: 비에스타가 설명하듯이, '개인을 기존의 행

동 방식과 존재 방식에 편입시키는 과정'이다.[3] 이는 특정한 사회적, 문화적, 정치적 질서의 구성원이 되게 하고, 문화와 전통을 지속시키는 역할을 한다. 물론, 이것은 바람직한 방식뿐만 아니라 바람직하지 않은 방식으로도 작용할 수 있다.

- 주체화: 개인이 자신이 누구인지에 대한 감각을 형성하고, 자율적으로 행동하며 독립적·비판적으로 사고할 수 있는 능력을 기르는 과정이다.

이러한 기준에서 판단할 때, 교육은 개인(혹은 개인 집단)이 추상적인 개념과 기술을 학습하는 과정에 그치지 않는다. 교육은 또한 사람들이 자기 자신과 세상 속에서 자신의 위치를 어떻게 인식하는지와 깊이 관련되어 있다. 이에 기술과 교육을 '사회적 선(social good)', '공공선(public good)', 그리고/또는 '공동선(common good)'이라는 개념[i] 속에서 고려해야 할 필요성이 있다. 이러한 '좋음'은 사회의 모든 구성원(혹은 적어도 대다수의 구성원)이 공유하는 혜택과 관련된다. 따라서 교육에서 기술의 '좋음'을 판단할 때, 이를 개인 차원의 이점이나 개별 맞춤형 '학습'이라는 측면에서만 바라볼 것이 아니라 사회 전체에 대한 영향까지 고려해야 한다. 즉, 디지털 교육이 사회 전체의 이익에 얼마나 부합하는지를 함께 고민해야 한다.ⁱ

그렇다면 이러한 다양한 기준에서 디지털 기술이 '좋다'고 말할 수 있는 정도는 어느 정도인가? 분명히 디지털 기술은 특정한 형태의 지식, 기술, 이해를 발전시키는 데 기여하고 있다. 그러나 그 외의 다른 형태의 학습은 상대적으로 덜 강조되고 있다고 볼 수 있다.

같은 맥락에서 디지털 교육이 모든 개인에게 세상 속에서 자신의 위치를 분명하고 균형 잡힌 방식으로 인식하도록 돕고 있으며, 더 넓은 사회, 문화, 정치와의 연결을 충분히 제공하고 있는가? 나아가, 디지털 교육을 통해 자율적 행동과 독립적·비판적 사고가 충분히 길러지고 있는

---

i. (역자주) '사회적 선'이란 최대한 많은 사람에게 이익이 되는 '좋음', '공공선'은 공적 질서라든지 개인이나 부분과는 다른 전체에 이익이 되는 '좋음', '공동선'은 사회구성원 간의 합의나 동의 등에 바탕을 둔 공동의 이익에 부합하는 '좋음' 정도로 구분될 수 있다. 그러나 저자가 "또는/그리고"와 같이 표현한 까닭은 세 개념이 엄밀하게 구분되지 않고 쓰이는 경우가 있기 때문으로 보인다. 상황에 따라 서로 치환되어 사용되면서 각 개념이 지시하는 문제의식이 별로 다르지 않을 수도 있다.

지에 대한 질문도 제기될 수 있다. 분명한 것은 디지털 기술이 교육에서 효율성만큼이나 비효율성도 내포하고 있다는 점이다.

기술과 교육: 디지털로 인한 축소?

이 책에서 설명된 디지털 교육의 '좋은' 가치 중 상당 부분은 개인의 자유, 권리, 그리고 이익을 중심으로 형성되어 있다. 여기에는 교육은 가능한 자유방임적 방식으로 제공, 접근, 소비되는 것이 가장 바람직하다는 암묵적인 믿음이 전제되어 있다. 즉, 모든 개인이 '언제든, 어디서든, 어떤 속도로든' 원하는 것을 자유롭게 선택할 수 있어야 한다는 것이다. 개인은 자율적이고 자기 관리가 가능한 존재로 간주되고, 자유시장을 교육 공급과 배분의 이상적인 수단으로 가정한다. 디지털 교육은 일반적으로 개방 경제로 개념화되며, 소유권적 이해관계가 없는 이상적인 상태이지만 언제나 영리 기업의 혁신과 기업가 정신을 환영하는 구조를 지향한다. 그러나 이 가치관은 일련의 자유를 독점하는 것으로 여겨지는 제도의 역할을 축소하거나 평가절하하는 경향과 맞닿아 있다. 즉, 디지털 교육은 제도적이고 구조화된 방식보다는 자율적이며 계획되지 않고, 즉흥적으로 이루어지는 학습을 더 중시하는 형태로 구축되어 있다.

이러한 가치관은 지난 40년 동안 정보 기술과 디지털 문화의 발전 과정에서 지속적으로 나타난 특징이었다. 이는 '사이버 자유지상주의(cyber-libertarianism)'[4], '기술 자유지상주의(techno-libertarianism)'[5], 그리고 '실리콘밸리의 은밀한 자유지상주의(stealth libertarianism of Silicon Valley)'[6] 등 다양한 이름으로 불려 왔다. 영국의 미디어학자인 카메론(Andy Cameron)과 바브룩(Richard Barbrook)은 『캘리포니아 이데올로기(The Californian Ideology)』에서 이를 '사이버네틱스, 자유시장 경제, 그리고 반문화적 자유주의의 혼합체'라고 설명한다.[7] 5장에서 논의했듯이, 이러한 사상은 오랫동안 실리콘밸리의 기술 개발 모델을 지배해 왔으며, 이제는 점점 더 주류 기업, 산업, 금융뿐만 아니라 정부 및 공공 부문 서비스에도 영향을 미치고 있다. 교육개혁의 맥락에서도, 이러한 접근 방식은 교육 문제를 해결하는 과정에서 강력하고도 공격적인 형태로 나타난다. 이와 관련해 헤일리 에드워즈(Haley S. Edwards)는 다음과 같이 묘사했다.

> 이 새로운 부류의 기술업계 자선가들은 독특하게 현대적이며 자유주의적이고, 자유시장 원칙이 지배하는 '기술 창업의 서부 개척 시대'에서 깊이 단련된 상태로 학교 개혁에 뛰어든다. 이들은 데이터와 혁신이 최우선 가치이고, 파괴적 혁신이 일상이며, 현대 정치의 교착 상태와 규칙은 사회가 나아가야 할 방향에 걸림돌이 되는 일종의 암호화폐기사(cryptonights)로 간주되는 세계관을 갖고 있다.[8]

이 책에서 설명된 디지털 교육의 형태는 경제 및 기업 사고방식의 변화와 직접적으로 연결된다. 특히, 시장 원리의 우선성, 개인의 자유, 공공 부문의 민영화를 강조하는 '신자유주의적' 개념과 깊이 연관되어 있다. 또한, 이는 대중문화가 디지털화된 방식으로 재편되는 흐름과 함께 현대 사회에서 대규모 공공기관의 역할을 재고하는 전반적인 경향과도 관련이 있다. 이러한 변화들이 일부 사람들

(특히 교육계 외부의 인사들)에게는 '좋은' 변화로 보일 수도 있다. 그러나 우리는 이러한 가치들이 교육과 기술에 적용될 때 무엇이 주변으로 밀려나고 있는지, 혹은 아예 폐기되고 있는지를 예의주시해야 한다. 주관적인 논쟁일 수 있지만, 반드시 논의되어야 할 문제다. 포스트만의 남다른 통찰을 빌리자면, 디지털 교육에 대한 논의에서 가장 중요한 질문은 기술이 무엇을 할 것인가가 아니라, 기술이 무엇을 없앨지에 관한 것이다.

이상의 관점에서 보면, 디지털 기술은 교육을 근본적으로 불공평하고 바람직하지 않은 방향으로 '형해화'하는 현상을 정당화하고 있는 것으로 볼 수도 있다. 이것은 여러 형태로 나타난다. 첫째, 개인의 차이를 부정하는 문제가 있다. 이 책에서 여러 차례 논의되었듯이, 기술과 교육의 많은 발전은 '보편적 학습자'라는 가정을 표준으로 삼는 경향이 있다. 즉, 스스로 동기부여가 가능하고, 충분한 자원을 갖추고 있으며, 본래 사교적이고 이타적이며, 시간과 선의가 풍부하고, 실험을 즐기며, 실패에도 자신감을 잃지 않는 사람으로 보는 것이다. 그러나 이러한 접근 방식에는 개인의 차이와 이상적 모델로부터 벗어난 이들의 존재 — 사회학자들이 '타자'라고 부르는 집단 — 에 대한 고려가 거의 없다. 따라서, 디지털 교육에서 부족한 것은 타인에 대한 공감이자, 타인의 관점, 처지, 그리고 삶에 대한 깊이 있는 이해라고 할 수 있다.

이러한 변화의 파급효과에 대해서는 지속적인 고민과 성찰이 필요하다. 기술과 교육을 옹호하며, 교육을 잘 받고, 충분한 자원을 갖추고 있으며, 높은 동기를 지닌 사람들이 디지털 교육을 자신들만의 특권적인 관점에서 바라보는 것은 바람직하지 않다. 디지털 교육은 다양한 사회적 약자의 입장에서 고려되어야 한다. 이 책에서 논의된 많은 내용의 근저에는 계층 관계, 경제적 역학 및 구조의 문제가 자리하고 있다. 또한 성별, 인종, 장애, 성적 지향, 능력, 국적, 시민권 등의 문제도 디지털 교육과 밀접한 연관이 있다. 이 모든 요소는 사회와 그 사회에서 기술이 작동하는 방식에 있어 근본적인 요인이다. 더욱이, 이 모든 문제는 교차적이며 상호관계적이다. 그러나 이러한 요소들은 디지털 교육 논의에서 거의 고려되지 않고 있다.

둘째, 위험과 책임의 불평등을 가리는 문제가 있다. 디지털 교육은 분명 일부 사람들에게는 큰 보상을 제공하지만, 그와 동시에 훨씬 더 큰 위험을 수반한다. 만약 누군가가 적절한 교육 상품이나 교육 제공자를 선택하지 못한다면 어떻게 될까? 만약 누군가가 자신에게 적절하지 않거나, 다른 선택지보다 덜 적합하거나 부담이 크거나 역량을 강화하는 데 효과적이지 않은 과정을 선택한다면 어떻게 될까? 물론, 이론적으로 모든 개인은 언제든 학습을 중단하고 다시 선택할 자유가 있다. 그리고 위험을 관리하는 주된 책임을 개인에게 맡기는 이 개념은 일부 사람들에게는 효과적으로 작동할 수 있다. 즉, 2장에서 언급한 바와 같이, 충분한 자원을 갖추고, 동기가 높으며, 자유롭게 학습할 수 있는 이른바 '방랑하는 자발적 학습자'들에게는 유리한 방식일 수 있다.[9] 그러나 그렇지 않은 사람들은 더 많은 지식과 경험을 가진 사람들의 지원, 지도, 멘토링을 통해 큰 도움을 받을 수 있다. 즉, 교육 전문가의 도움이 필요할 수도 있다. 그러나 이러한 지원 체계가 모든 사람의 삶 속에서 항상 존재하고 쉽게 접근할 수 있는 것도 아니다. 결국, 모든 학습자를 각자 알아서 교육을 선택하고 책임지도록 내버려두는 방식이 가장 공정하고 정의로운 교육 참여 방식이라고 보기는 어렵다.

셋째, 기술이 공동체와 공공성을 주변화하는 문제가 있다. '신자유주의적' 교육개혁의 많은 측면과 마찬가지로, 디지털 교육은 마이클 애플(Michael Apple)이 '탈사회화 감각'이라고 부르는 현상을 촉진한다. 즉, 개별 선택의 힘이 더욱 중요하다는 가정 아래 집단적 선이나 사회적 정의의 문제는 주변화된다. 이러한 맥락에서 디지털 교육은 특정한 정체성에 대한 공간을 열어주면서도 다른 정체성은 배제하는 방식으로 작동한다. 디지털 교육은 사람들에게 자신이 누구인가를 선택할 수 있는 기회를 제공하지만. 그들의 정체성은 소비자다. 그들에게 동기가 부여되는 유일한 요소는 개인적 이익이고, 이는 자신이 선택한 '상품'에 따라 결정된다. 반면, 집단적 책임과 사회 정의에 대한 즉각적인 관심은 저절로 해결될 문제로 간주된다.[10]

물론, 디지털 교육이 완전히 고립된 방식으로 여겨지는 경우는 드물다. 그러나 디지털 교육과 일반적으로 연관되는 '사회적' 형태는 공통된 유대와 의미 있는 지속적 의무를 공유하는 집단이라기보다, 일시적으로 모인 개인들의 집합을 의미하는 경우가 많다. 모로조프의 주장에 따르면, 디지털 사회가 확산되면서 "우리는 집단적 수준에서 사안을 논의하는 능력을 상실하고 있다."[11] 디지털 교육을 둘러싼 논의를 고려할 때, 이는 분명 집단적 정치, 연대, 그리고 집단행동과 깊이 연관된 문제다.

마지막으로, 디지털 교육과 관련하여 학습과 가르침의 과정이 현저히 비인간화되는 문제가 있다. 4장에서 지적한 바와 같이, 현재의 디지털 교육 환경에서는 학습자가 타인과 맺는 관계뿐만 아니라 그들이 학습하고 행동하는 사회적·정치적 맥락에 대해 거의 언급하지 않는다. 따라서 디지털 기술 속에 '교육'의 인간적 요소를 더욱 강화할 필요가 분명히 존재한다. 교육은 '애정, 돌봄, 그리고 연대의 노동'이 스며든 과정이어야 한다.[12] 이런 맥락에서 볼 때 다음과 같이 주장할 수도 있을 것이다. '이러한 규범과 가치를 소중히 여기는 것을 목표 중 하나로 삼지 않은 채 교육을 변화시키고자 노력한다면, 그것은 교육을 단순한 훈련과 구별하는 본질적 요소를 위협하는 것이다.'[13]

다르게 접근하기?

기술과 교육의 관계는 분명 복잡하다. 이는 어떤 학자나 도출할 수 있는 합리적이면서도 흔한 결론이다. 그러나 단순히 상황이 보기보다 더 복잡하다며 얼렁뚱땅 결론짓고 넘어가는 것으로는 충분하지 않다. 스티브 풀러(Steve Fuller)[ii]의 주장처럼, 사회의 어떤 영역이든 깊이 들여다보면 본질적으로 '피할 수 없는 불확실성'이 존재한다.[14] 한편, 학문적으로 사회과학 분야 외부의 사람들은 복잡성을 관리하고 나름대로 합리적인 방식으로 해결하면서 기능을 유지해 나간다. 결국 기술과 교육의 '복잡성'을 강조하는 저자의 역할은 단순히 그것이 복잡하다고 지적하는 것이 아니라, 어떤 요소가 복잡한지 명확히 설명하고, 왜 그러한 복잡성이 존재하는지 분석하며, 일반적으로 사람들이 간과하기 쉬운 핵심 요소들을 드러내어 이를 해결할 가능성을 모색하는 데 있다. 이는 풀러가 '보다 넓은 전망'이라고 표현한 방향과 같은 것이다.

---

ii. (역자주) 과학기술학 분야 미국의 사회철학자.

이 책이 기술과 교육의 복잡성이 무엇인지 충분히 풀어 냈기를 바란다. 이제 남은 마지막 질문은 겉보기에는 단순하지만 본질적으로 중요한 "그래서 어쩌란 말인가?"이다. 디지털 교육의 덜 '좋은' 측면을 우회하여 극복하기 위해 우리는 이 지식을 어떻게 활용할 수 있을까? 보다 바람직한 방식으로 기능하도록 하기 위해 무엇을 발전시킬 수 있을까? 즉, 더 공정하고, 사회적으로 정의롭고, 인간 중심적이며, 개인화된 관심보다는 공동의 관심에 초점을 맞추고, 사적 이윤보다 공공의 이익을 중시하는 방식으로 말이다. 이러한 문제를 다루면서 기술에 반대하는 '반(反)기술주의'라는 퇴행적이고 보수적인 입장으로 빠지려는 것은 아니다. 기술을 교육에서 완전히 배제해야 한다고 무력하게 주장하는 것은 해결책이 될 수 없다. 우리는 디지털 기술의 존재를 부정할 수도 없으며, 그것이 더 나은 교육 형태를 지원할 수 있는 가능성을 완전히 포기해서도 안 된다. 오히려, 현재의 방식에 대한 대안을 제시하고, 기존의 구조에 맞서 변화의 가능성을 모색하는 것이 여전히 가능해야 한다.

이제 우리의 논의는 이러한 흐름이 어떻게 도전받고 변

화될 수 있는지에 초점을 맞출 필요가 있다. 이를 위해, 공교육의 이상을 유지하고 (어쩌면 다시 활성화할 수 있는) 대안적인 디지털 교육 형태를 고려해야 한다. 특히, 디지털 교육을 지속적인 공적 논의와 정치적 논쟁의 장으로 다시 구성하는 '재구성' 방안을 탐색할 수 있는 여러 가지 가능성이 존재한다. 따라서 이 책의 마무리는 적어도 기술과 교육을 실천하는 몇 가지 대안적 방식을 제안하는 시도로 이루어져야 할 것이다.

기술과 교육에 대한 희망을 유지하는 것은 결코 쉬운 일이 아니다. 디지털 교육을 가장 열정적으로 지지하는 사람들조차도 마음 깊숙이에서는 기술만으로 모든 문제가 '개선'되지는 않을 것임을 알고 있다. 게이츠 역시 최근 '말라리아, 결핵, 소아마비를 박멸하는 것이 미국 교육 시스템을 고치는 것보다 쉽다'는 결론에 이르렀다.[15] 그러나 기술과 교육을 완전히 희망 없는 문제로 치부하지 않는 것에도 의미가 있다. 비판적 사고의 핵심은 '현재 존재하는 방식보다 더 나은 방법이 반드시 있어야 한다는 지속적인 신념'에 있다.[16] 기술과 교육의 경우, 이는 디지털 교육을 보다 민주적이고 공공의 이익에 초점을 맞춘 인간 중심의 윤리적이며 배려하는 방식으로 재정렬하는 것을 의미한다.

이것들은 쉽게 달성할 수 있는 일이 아니다. 그렇지 않았다면 이미 실현되었을지도 모른다. 그러나 적어도 그것이 어떻게 가능할지 상상해 보며 이 책을 마무리해야 한다. 이를 위해, 비현실적이거나 실현 불가능해 보이는 제안을 내놓는 것에 부끄러워해야 할 이유는 없다. 로버트 맥체스니(Robert W. McChesney)[iii]는 디지털 기술을 민주주의를 위한 '근본적인' 힘으로 만들기 위한 방안을 제안하며 다음과 같이 주장한다. "불가능한 것을 요구하라. … 우리가 불가능한 것을 상상하기 시작하지 않는다면, 그것은 결코 현실이 되지 않을 것이다."[17] 이는 아마도 매우 합리적인 접근 방식일 것이다. 그렇다면, 여기 기술과 교육의 미래를 위한 세 가지 불가능해 보이는 제안을 제시해 본다.

---

iii. (역자주) 커뮤니케이션의 역사와 정치 경제학, 그리고 민주주의와 자본주의 사회에서 미디어가 하는 역할에 관한 연구를 하는 미국의 교수(1952.12.22.~2025.3.25.).

첫 번째 비현실적인 제안은 기술과 교육을 국가가 광범위하고 집중적으로 개입하는 영역으로 만드는 것이다. 현재 기술과 교육이 자유방임적 모델, 즉 개인의 선택, 사적 이윤, 상업적 이해관계를 중심으로 운영되는 방식은 분명히 대다수 사람들의 이익에 부합하지 않는다. 따라서 기술과 교육에 대한 효과적인 거버넌스가 필요하다는 점은 자명하다. 이를 위해서는 국민의 이익을 대변하는 강력한 지도력을 발휘할 기관이 존재해야 하며, 디지털 역량을 갖추고 자신감을 가지며 미래지향적인 공공기관이 필요하다. 이는 단순히 '전문가들에게 맡긴다'라는 접근이 아니라, 교육 문제에 있어 국가는 오히려 가장 중요한 전문가 중 하나가 되어야 한다. 디지털 교육개혁에서 손을 떼는 것은 현대 국가가 해야 할 역할을 방기하는 것과 다름없다. 물론, 어떤 나라에서든 국가와 공공 부문이 완벽할 수는 없으며, 국가 기관이 더욱 투명하고 책임감 있고 민주적으로 운영될 필요가 있음은 분명하다. 또한, 전 세계적으로 국가가 민주주의적 가치와 정반대되는 방식으로 운영되는 사례도 많다. 그러나 디지털 시대에 국가 주도의 교육 모델을 완전히 포기하면 안 된다. 대신, 지금이야말로 국가를 재구성하고 다시 교육하여 국민을 더 잘 지원할 수 있도록 해야 할 시점이다.

디지털 교육에 대한 효과적인 국가 거버넌스를 실현하려면, 디지털 기술과 디지털 실천에 초점을 맞춘 공공 조직과 기관이 필요하다. 이러한 기관들은 기술과 교육에 대해 실제로 이해하고, 관심을 가지며, 자신감을 갖춘 곳이어야 한다. 기술 혁신을 국가가 주도하는 것이 터무니없는 발상이라고 볼 필요는 없다. 초음속 여객기, 인터넷, 그리고 터치스크린부터 GPS까지 스마트폰을 구성하는 모든 핵심 기술의 발전은 국가 기관과 국가 자금 지원에 의해 이루어졌다. 현재 기후 변화 대응 기술의 개발 또한 대부분 국가 투자 은행이 자금을 지원하고 공공 부문 조직이 주도하고 있다.[18] 그렇다면, 왜 기술과 교육에서도 동일한 접근 방식을 적용할 수 없겠는가?

둘째, 영리 목적의 상업적 이해관계의 활동을 제한하고, 기술이 교육에 '판매'되는 방식을 윤리적으로 규제할 가능성을 고려해 볼 수 있다. 교육은 상업적 IT 부문 전반에 만연한 투기적 이윤 추구가 용인될 수 없는 사회 영역 중 하나로 인식되어야 한다. 만약 상업적 이해관계가

한 국가의 소비자 전자제품 시장이나 기업 공급망에서 자유롭게 활동할 수 있도록 허용된다면, 그에 대한 합리적인 보상으로서 그들이 해당 국가의 공교육 '고객'을 특별한 사례로 대우하도록 요구할 수 있다. 기업의 이해관계가 교육을 위한 방식으로 작동하도록 보장하는 노력이 필요하며, 그 반대가 되어서는 안 된다.

이와 관련하여 한 가지 가능한 방향은 IT 기업이 교육 분야의 고객과 다른 방식으로 관계를 맺도록 요구하는 것이다. 2000년대 후반 글로벌 금융 위기 이후 '기업의 사회적 책임', '기업 시민', 그리고 '윤리적 기업'이라는 개념이 부각되어 왔다. 만약 '기업의 사회적 책임'이 진정으로 윤리에 관한 것이고 단순한 이윤 극대화 전략이 아니라면, 기술과 교육은 상업적 기술 기업이 자신들의 사회적 책임을 증명해야 할 핵심 영역으로 간주되어야 한다. 카라거(Emma Carragher)가 말했듯이, "기업은 사회의 협력을 통해 존재하며, 따라서 존재를 지속하기 위해 지켜야 할 의무가 있다."[19]

이는 겉보기에는 터무니없어 보일 수도 있으나, 실제로

는 그렇지 않다. 앞서 언급했듯이, IT 산업의 핵심에는 기술이 진보적 변화를 이끄는 힘이라는 반문화적이고 히피적인 철학이 자리하고 있다. 우리는 이러한 철학을 다시 불러일으키고, 기술 개발의 방향을 실리콘밸리의 근시안적 이익 추구와 이데올로기로부터 되찾아야 한다. 이러한 맥락에서, 교육과 기술 분야에서의 기업의 사회적 책임은 다양한 형태로 실현될 수 있다.

- 기술 기기와 서비스를 무료로 제공하거나, 최소한 교육자와 교육 기관에 원가 수준에서 판매하는 방식
- 교육 환경에서 기술 사용과 실행을 지속적으로 지원하는 방식
- 교육 소비자가 사용할 제품을 설계·개발하는 과정에 교육자와 교육적 요구를 반영하는 방식(예를 들어, 초등학교를 위해 특별히 개발된 워드 프로세서를 제공하는 대신, 초등학교가 기업용 소프트웨어를 사용하도록 강요하지 않는 것)
- 에듀테크 제품을 윤리적으로 생산하는 방식(예를 들어, '공정 무역' 원칙을 적용해 부품을 조달하고 제품을 제조하며, 외주 노동자에게 생활 임금을 초과하는

수준의 보수를 지급하는 것)

셋째, 기술과 교육을 논쟁의 장으로 재구성할 필요가 있다. 케리 페이서(Keri Facer)는 이를 교육에 관련된 모든 공공 집단이 참여하는 '질적인 대화'의 공간으로 조성해야 한다고 주장한다.[20] 이와 유사한 사례를 기술과 사회의 다른 분야에서도 찾아볼 수 있다. 예를 들어, 최근 공공영역에서 '수압파쇄', 유전자 변형 식품, 기후 변화 등을 둘러싼 논쟁이 있었다. 이러한 논쟁들은 뉴스 미디어, 대중문화, 정치 영역에서 지속적인 토론을 이끌어 냈으며, 결국 공공 정책과 민간 부문의 관행에 실질적인 변화를 가져왔다. 교육에서도 이와 비슷한 수준의 공적 논의를 이끌어 낸 사례들이 존재한다. 일부 국가에서 종교 교육과 국가 단위 평가 체제에 대한 반발로 논쟁이 이어진 것이 대표적이다. 또한, 유명 인사인 제이미 올리버(Jamie Oliver)[iv]가 주도한 학교 급식의 질 개선을 위한 대중 캠페인 역시 어느 정도 성공을 거둔 사례로 볼 수 있다.

---

iv. (역자주) 학교 급식에 가공식품 사용을 반대하는 캠페인을 진행한 영국의 요리사이자 방송인.

그렇다면, 그 중요성과 본질적으로 타협된 성격을 고려할 때, 왜 기술과 교육이 공적 숙의, 논쟁, 그리고 의견 충돌의 장이 되어서는 안 되는가? 이 짧은 책에서 이미 많은 '논쟁거리'가 제시되었으며, 이는 공적 분노와 논쟁의 초점이 되어야 한다. 그러나 대체로 기술과 교육은 여전히 공허하고 피상적인 방식으로 논의되고 있다. 디지털 교육을 둘러싼 담론의 상당 부분은 해리 프랭크퍼트(Harry Frankfurt)가 1986년 에세이 「헛소리에 대하여(On Bullshit)」에서 설명한 개념과 거의 정확히 들어맞는다고 볼 수 있다. 여기서 그는 의도적으로 거짓말을 하거나 진실을 감추려는 것이 아니라, 지나치게 과장되고 가식적이며, '대체로 아무런 성찰 없이 무의미하게 반복되는 언어'라고 정의한다.[21] 이러한 논의 대상에 대한 사실과 현실에 대한 무관심은 기술과 교육을 둘러싼 문제적 상황 중 가장 우려되는 측면 중 하나다. 프랭크퍼트의 말에 따르면, 이러한 헛소리는 노골적인 거짓말보다 더 위험하다. 이는 특정 주제에 대해 진실이나 진정성이 있는지조차 신경 쓰기를 포기하는 냉소적 태도를 내포하기 때문이다.

기술과 교육에 대한 논의 방식은 분명 크게 개선될 여

지가 있다. 간단히 말해, 우리는 기술과 교육에 대한 대화를 바꾸어야 하며, 이를 통해 다수의 관심사에 대해 정확하고 솔직하게 초점을 맞추고, 기술과 교육에 대한 '공적 이해'를 증진해야 한다. 이를 위해 모든 학생, 교육자, 학부모를 디지털 교육의 '객체'가 아니라 '주체'로 재위치시키는 것이 필요하다. 나아가, 기존에 주변화되었던 목소리들이 디지털 기술이 무엇이며, 무엇이어야 하는지를 결정하고 논의하는 과정에서 주체적인 역할을 수행할 수 있도록 해야 한다. 프랭크퍼트의 논리에 따르면, 헛소리는 그것에 대해 잘 알지 못하는 사람들이 지나치게 많은 발언권을 가질 때 지속되고 확산된다. 따라서 디지털 교육을 직접 경험하는 이들이 주도하는 논의는 바람직한 변화로, 이 분야에 대한 근거 없는 주장과 비전문적인 공적 담론을 해독하는 역할을 수행할 수 있을 것이다.

이러한 관점들은 분명히 충분한 주목을 받지 못하고 있다. 반면, 이 책에서는 기술과 교육에 대해 잘 알지도 못하는 저명 인사들의 추측성 발언과 성급한 판단이 상당히 많이 유포되고 있음을 강조했다. 선의에서 비롯되었든 아니든, 깅그리치, 슈미트, 클린턴과 같은 인물들이 기술과 교육에 대한 공적 논의를 독점하는 것은 아무런 이익이 되지 않는다. 이들이 디지털 교육에 지속적인 관심을 갖고 있지 않다면, 그들의 성급한 언급이 교육 현장에서 영향을 미쳐서는 안 된다. 대신, 기술과 교육에 대한 논의는 진정한 공적 담론이 되어야 한다. 현재 교육자들이 단순히 '어떤 방식이 효과적인가?'라는 질문만 던지고, 권력과 자원이 집중된 엘리트 집단만이 '어떤 것이 중요한가?'를 결정하는 상황을 뒤집어야 한다.[22] 무엇보다도, 전문가와 교육자들은 대중 매체 및 다른 공적 영역에서 보다 깊이 있는 소통과 논의에 적극적으로 참여하려는 노력을 강화해야 한다. 또한, 디지털 전환이나 디지털 디스토피아에 대한 피상적인 발언을 원하는 새로운 미디어의 요구에 휘둘리지 않고, 이 주제의 불확실성을 솔직하게 드러내는 태도를 유지해야 한다.[23]

결론

이 책은 동의할 만한 점과 반박할 만한 점을 모두 담고 있다. 주류적 시각과 다소 결을 달리하면서도, 과장되고 과대 판매되는 기술과 교육이라는 분야에 대해 신중하고 균형 잡힌 관점으로 조망하고자 했다. 기술과 교육을 다루는 책들은 사회적, 정치적, 경제적, 문화적 복잡성에 대해 지속적으로 주목하는 경우가 드물다. 그렇기에 이러한 우려와 불만을 숙고하는 노력을 기울인 이상, 기술과 교육의 '더 큰 그림'을 계속해서 탐구할 가치가 있다. 교육의 '디지털 미래'에 관심이 있는 사람이라면 이 책의 논의를 깊이 고민하고, 논의하고, 궁극적으로 행동으로 옮길 많은 과제가 남아 있다. 지금까지 기술과 교육에 투입된 시간, 노력, 자원, 그리고 지적 역량을 고려할 때, 우리는 보다 비판적으로 사고하고, 진정한 통찰이 담긴 논의의 장을 구축하는 방향으로 나아가야 할 것이다.

그렇다면 이제 우리는 어디로 나아가야 하며, 이 작업은 무엇을 포함해야 하는가? 우선, 교육에서 기술이 사용되는 조건과 이를 개선할 방법에 대한 지속적인 논의와 토론이 필요하다는 점은 명백하다. 이는 투자 우선순위를 어디에 두어야 하는지, 개인의 삶의 기회를 확대하고 더 큰 공익을 증진하는 방향으로 노력과 자원을 어떻게 배분할 것인지에 대한 어려운 대화를 요구할 것이다. 또한, 기술이 필연적으로 교육을 변화시킬 것이라는 익숙한 함정에 빠지지 않는 것도 중요하다.

사실, 앞에서 제시된 '해결책' 대부분은 디지털 기술이 공교육을 더 나아지게 만드는 방안이 아니라, 공교육이 디지털 기술을 더 나아지게 만드는 방안과 관련되어 있다. 어떤 경우에는 기술을 일부 활용하는 것보다 아예 활용하지 않는 것이 더 나은 결론이 될 수도 있다. 또 다른 경우에는 단순히 기술을 다른 방식으로 활용하는 것이 필요할 수도 있다. 결국, 기술과 교육의 관계에서 보편적으로 적용할 수 있는 '단 하나의 정답'은 존재하지 않는다.

이 책이 핵심적으로 시사하려는 것은 기술과 교육의 복잡성과 모순을 둘러싼 보다 성숙하고 심도 있는 논의가 필요하다는 점이다. 최소한, 지난 여섯 개의 장에서 강조된 것은 교육에서 기술을 활용할 때 우리가 가장 중요하게 고려해야 할 가치가 무엇인지 명확하고 신중하게 고민해야 한다는 필요성이다. 이런 맥락에서, 이 책의 결론들은 교육적 형평성, 사회정의, 민주주의에 관한 보다 넓은 논쟁과 맞닿아 있다. 그렇기에 독자들이 받아들이거나 반박할 수 있는 몇 가지 가치 선언으로 이 책을 마무리하는 것이 가장 적절할 듯하다.

 이 책에서 다뤄진 논의를 종합해 보면, 기술과 교육은 분명히 더 나아질 수 있다. 보다 정확히 말하면, 기술과 교육은 현재보다 훨씬 더 공정해질 수 있다. 그렇다면, 교육에서 기술을 최선의 방식으로 활용하고자 한다면, 모든 형태의 디지털 교육이 자원이 풍부하고 특권을 가진 소수 집단의 협소한 이익이 아니라, 공공의 이익을 우선 추구하도록 보장해야 하지 않는가? 기술과 교육은 시장과 이윤 논리에 지배되는 것이 아니라, 모든 사람의 이익을 위해 작동해야 하는 현대 사회의 영역이 아닌가? 기술이 교육에 '좋다'고 정직하게 평가될 수 있는 유일한 방식은 개인이 아니라 집단의 이익을 최우선으로 고려하는 것이 아닌가? 이것이 내가 교육의 디지털 미래에 깊이 새겨지기를 바라는 가치들이다. 그렇다면, 당신은 어떠한가?

역자 후기

에듀테크,
무엇을 위한, 누구를 위한 교육인가?

전 세계가 인공지능에 열광하고 있다. 컴퓨터 보급이 대중화되었고, 인터넷 서비스는 전 지구적으로 확산되었다. 여기에 둘을 결합한 스마트폰은 손안에서 개별 맞춤형 정보혁명을 밀어 올렸고, 우리는 어느덧 이전에 없던 자유를 구가하는 듯하다. 과거에는 인간이 기록하고 매체가 저장하며, 머리가 검토·분석·판단한 결과가 제한된 사람들에게만 공유되었다. 이제 생성형 인공지능은 이 모든 과정을 한꺼번에 처리해, 그것도 매우 빠른 속도로 개인에게 맞는 형태로 정보를 제공한다. 기록하고 저장하는 수고가 필요 없어 보인다. 분석·정리·해석·이해, 역시 머릿속에서 덜어낸 듯하다. 깔끔한 문장과 이미지, 소리까지, 우리의 감각을 경탄케 하는 형태로 '인쇄'하듯 내놓는다.

너무 멋지지 않은가? 이제 복잡하고 따분한 공부도 없이, 마음이 원하는 속도에 맞춰 기계가 제공하는 정돈된 산출물을 즐기면 될 것이다.

우리나라도 예외는 아니다. 아니, 예외가 아닌 수준을 넘어, 우리 사회의 미래 먹거리를 인공지능에 의존해야 한다는 절박함을 내뱉는다. "3년 내"에 "AI 3대 강국" 반열에 올라야 하지 않겠냐는 주장, 그래야 열강 속에서 소위 번영하는 국가를 만들 수 있지 않겠냐는 논리가 힘을 얻고 있다. 그리고 이번 정부 들어와 대통령실에 대통령을 보좌하는 'AI 수석'이 신설되었다. 이제 더 이상 화려한 수사만은 아니다. 한국 사회의 정치적 안정과 경제적 번영이 인공지능의 선제적 기술력 확보와 그 성과의 성장 동력화에 달려 있다는 주장은 다른 목소리를 찾기 힘들다. 인공지능 중심 전략에 반대라도 하면 국가 정책을 거스르는 배신자로 낙인찍힐 기세다. 기술 전문가들의 목소리가 번영의 명분을 쥔 채 사회를 지속적으로 흔드는 모습을 보인다.

이런 목소리의 끝은 "AI 인재"를 만들어야 한다는 주장으로 이어진다. 그러나 AI 인재가 무엇을 뜻하는지는 분명하지 않다. 대략 'AI 분야에서 선도적 기술로 먹거리를 창출하거나 상업적 성공을 이루는 사람'을 가리키는 듯하다. 하지만 AI 분야의 범위 자체도 모호하다. 단지 계산을 잘하고 알고리즘을 능숙하게 구현하는 기술자를 뜻한다고 보기도 어렵다. '인재'로 불리는 주체는 특정 기술력을 뽐내는 수준을 넘어 시장과 연결되어 자본을 창출해야 한다. 상업적 성공에 이르기까지 수많은 분야가 얽힌다.

그런데 정치인들이 "AI 인재"를 복창하고, 미디어가 이를 확대 재생산하는 풍경은 묘한 기시감을 불러온다. 우리 사회는 변혁기마다 시대적 사명을 맡을 사람들을 특별한 명칭으로 불러왔다. "AI 인재"는 1999년 김대중 정부가 국가 자원에서 홍보한 '신지식인'("학력에 상관없이 지식을 활용해 부가가치를 능동적으로 창출하는 사람", "기존의 사고 틀에서 벗어나 새로운 발상으로 자신의 일하는 방식을 개선·혁신하는 사람")을 떠올리게 한다. 또한 2013년 출범한 박근혜 정부가 '창조경제' 시대를 표방하며 제시한 '창의인재'("새로운 가치를 창출하고 미래를 개척하는 능력을 갖춘 사람", "열정·창의성·주도력과 융합적 사고를 갖추고 스스로 지식을 습득해 혁신을 주도하는 사람")와도 크게 다르지 않다. 즉, AI 인재는 인공지능 지식을 부가가치로 연결하는 사람이라 할 수 있다. 쉽게 말해 AI로 돈을 버는 사람을 'AI 인재'라 부르는 셈이다. 인공지능 선진국으로 가는 길은 결국 AI 인재에 달린 듯하다. 이 논리는 더 이상 문제 제기가 불가능한 절대 명제처럼 들린다.

그런데 도대체 AI 인재는 어떻게 길러야 할까. AI 인재가 무엇을 하는 사람이며 누구를 가리키는지도 분명치 않은데, 이들을 양성해야 한다는 주장에 모두 고개를 끄덕이는 풍경은 어색하고 부자연스럽다. 사회가 원하는 목표를 실현하기 위해 '인재 양성', 즉 교육이 소환된다. 교육은 목표 달성의 핵심 원리이며 요인이고 동력이자 실제 작동하는 장치로 인식된다. 교육은 명실공히 사회 문제 해결을 위한 만병통치약이다. 우리 사회는 주변 문제를 해결하기 위해 "교육이 답이다"라고 말해 왔다. 바람직한 미래 사회를 그릴 때마다 이를 구현하는 유일한 방법 역시 교육이라고 강조해 왔다. 이런 맥락에서 교육은 새로운 변화를 위한 토대 위에 서 있는 듯하다. 마치 미지의 땅을 탐험하는 개척자의 정신으로 무장하고 디지털 세상과 인공지능이 그려내는 유토피아 건설의 선봉장에 서 있는 모습이다. 이제 AI로 설계되는 유토피아적 미래 사회의 명운이 교육에 달려 있다. 교육이 대단하다는 생각까지 들게 하는 말들이다.

흥미롭게도 대한민국 정부는 교육이 기술 지향 사회로 가는 지름길을 닦는 혁신적 통로가 되어야 한다고 주장해 왔고, 이를 위한 정책적 지원도 아끼지 않았다. 이러한 기술 지향 정책은 특정 정파에 흔들리지 않고 2000년대를 전후해 확고한 흐름으로 자리 잡았다. 윤석열 정부는 2024년 연구개발(R&D) 예산을 전년 대비 16% 삭감했다. 이유는 단순했다. 연구개발 과정에서 '연구개발 카르텔'을 만들고, 연구사들끼리 예산을 '나눠 먹고, 길라 먹는다'는 재정전략가들의 비판을 반영했기 때문이다. 그러나 연구개발에 몰두하던 여러 분야가 예산 삭감으로 아우성을 치던 시기에도 차세대 인공지능 연구개발 예산은 오히려 늘어났다.

이 와중에 교육부가 AI 디지털교과서를 도입하면서 기존 교과서 예산의 70%가 증액되었다. '예산 낭비', '졸속 도입', '타당한 개선책 마련'이라는 반대 목소리는 가볍게 무시되었고, 교육부 계획대로 AI 디지털교과서 개발과 선정 압박이 이어졌다. 자그마치 2조 원이 투입되었다고 한다. 2조 원. 정말 큰돈이다. 정부가 바뀌고 2025년 8월 14일, AI 디지털교과서를 '교육자료'로 변경하는 내용을 담은 초·중등교육법 개정으로 이전 정부가 추진한 인공지능 기반 교육환경과 교수·학습 체제는 '작은' 타격을 입었다. 그러나 그것도 잠시였다. 계엄과 내란의 여파로 출범한 이재명 정부는 오히려 AI 디지털 기술에 기반한 교육을 더욱 확대하겠다는 의지를 내보였다. 여기에 투입되는 교수·학습 매개가 교과서든 교육자료든 상관없다는 듯, 인공지능에 기반한 경제 강국을 강하게 밀어붙일 태세다. 어쩌면 앞으로 초등학교에 입학한 첫해부터 아이들은 인공지능이 무엇인지, 또 각자의 인공지능 관련 기술력을 어떻게 키워야 하는지 배우게 될지 모른다. 결국 인공지능 기술력을 갖춘 AI 인재 양성에 '올인'하는 국가 모델을 대한민국이 보여주리라 기대되지 않는가?

그런데 인공지능이 사회 시스템의 중추가 될 때, 지금 지구라는 푸른 별에서 벌어지고 있는 일들 — 국지전, 내전, 인종 말살, 학살과 암살, 기아, 감염병 팬데믹, 혐오와 차별, 신냉전, 군사 동맹, 내란, 기후 재앙 등 — 이 사라질까? 인간은 좀 더 자기 몸과 마음에 집중하며 여유로운 시대를 맞게 될까? 우리는 타인의 생각을 더 잘 이해하고, 관용하며, 차이보다 같은 종으로서 공유한 토대에 기뻐할 수 있을까? 글쎄다. 우리에게는 답보다 질문이 더 많다. 한반도 남쪽의 5천만 명, 한반도의 8천만 명, 지구 위의 80억 인구가 더불어 살아가는 공존·공영 체제 — 유토피아일지 디스토피아일지 — 가 올까? 인공지능은 우리가 만족할 만한 대답을 늘 준비한 듯 보이지만, 현실과 인간 사회의 복잡성을 고려하면 그것이 진정한 답인지 확신하기 어렵다. 그래서 우리는 늘 질문부터 던지게 된다. 현재 우리가 살아가는 사회의 땅바닥에서 출발해 AI 세상에 이르는 과정의 연결이 어떻게 가능해야 하는지, 왜 그래야 하는지, 또 이를 어떻게 달성할 것인지 묻게 된다. 과연 달성할 수 있는지, 그 과정에서 얻는 것과 잃는 것은 무엇인지, 우리가 그 길을 반드시 가야 하는지도 물어야 한다. 더욱이 교육에 종사하고 교육을 중시하는 사람들이 왜 이 길을 옹호해야 하는지, 그것이 최선인지도 질문해야 한다.

그래서 인공지능 기반 사회로 가는 여정에 인재 양성이 꼭 필요하다고 하지만, 과연 교육이 이 길을 열고 만들어 갈 수 있는지, 그것이 어떻게 가능한지를 두고 논쟁이 이어져 왔다. 여기 디지털과 인공지능을 포함한 기술 기반 교육의 변화를 두고 던지는 새삼스러운 질문, 그리고 반드시 귀 기울여야 할 답변을 담은 글을 소개하고자 한다.

저자 닐 셀윈(Neil Selwyn)은 인문사회학 연구자로서 이 책에서 기술과 교육의 관계를 따져 묻는다. 그는 '말할 필요 없이 기술은 교육에 좋다'라는 식의 에듀테크 맹신 관행에 가시 같은 통증을 유발하고, 기술과 교육이 맺는 관계와 이해에 균열을 내고자 한다. 정답처럼 회자되는 명제에 비판을 던지면서도, 대안을 모색하는 건강한 대화가 이어지기를 기대한다.

에듀테크를 향한 그의 질문은 네 가지로 요약된다. 그

의 질문과 대답, 그리고 대안적 논의를 간단히 정리하면 다음과 같다.

첫째, 에듀테크는 교육 민주화에 도움이 되는가? 그렇지 않다. 디지털 교육은 전체적으로 '공정한' 민주주의로 이끌지 못한다. 돈이 많고 동기가 높으며 이미 교육 수준이 높은 계층에게 기회가 늘어나는 것에 불과하다. 이는 '상대적으로 불리한 계층을 더 낫게 한다'는 급진적 이상, 즉 '거대한 평형 장치'나 '깔때기를 뒤집는 효과'와는 거리가 멀다. 디지털 교육의 약속과 실제 성과 사이의 간극은 결코 무시할 수 없다.

둘째, 에듀테크는 개별맞춤형 교육을 실현하는가? 그렇지 않다. 기술적 관점에서 가장 널리 활용되고 수익성이 높은 '개별맞춤형' 학습은 사실상 대규모 시스템을 통한 '내랑맞춤화' 수준에 머문다. 공식 교육 체제 밖에서 존재하는 온라인 교육의 다양성(앞서 '학습 암시장'이라 불린 것)은 안내와 지원이 부족하다. 또한 개인이 자신의 교육 성공(혹은 실패)에 대한 책임을 떠안는 구조는 수많은 사회적 우려를 낳는다. 결국 디지털 교육은 이미 유리한 위치에 있는 사람들에게 더 큰 이익을 제공할 가능성이 높다.

셋째, 에듀테크는 교육을 더 예측 가능하게 하는가? 그렇지 않다. 데이터 기반 과정은 본질적으로 환원적이다. 모든 데이터 시스템은 타당성이라는 문제에 직면한다. 즉, 과연 측정하려는 것을 제대로 측정하고 있는가? 교육의 많은 부분은 쉽게 정의되거나 수량화될 수 없다. 교육 데이터 시스템은 측정하기 쉬운 것만 측정하고, 측정하기 어렵지만 중요한 것은 외면할 위험을 안고 있다. 데이터 기반 개입은 교육이 관리되고 통제되는 방식을 제약한다. 또한 '학습 분석'과 '개인화'를 위해 데이터를 사용하는 과정은 학생과 교사로 하여금 자신이 추적되고 감시받는다는 사실을 의식하게 만들고, 그에 따라 행동을 조정하게 한다. 결국 데이터 기반 과정은 권력과 통제의 불균형을 심화시키며, 디지털 데이터 활용은 교육 불평등을 재생산한다.

넷째, 에듀테크는 윤리적일 수 있는가? 그렇지 않다. 디지털 네트워크를 통해 데이터가 거의 무제한 공유·유통되면서 기밀성 문제뿐 아니라 '공적 영역'과 '사적 영역'의 경계가 흔들린다. 전통적으로 집합적 성격을 지녀온 '공교육'의 성격을 고려하면 더욱 심각하다. 게다가 에듀테크는 수집·통합된 데이터를 통해 개인이 어떻게 규정되고 '알려지게 되는가'라는 질문에 적절히 답하지 못한다.

저자인 셀윈 교수에 따르면, 에듀테크 확산은 교육적 이유가 아니라 상업적 이유에 의해 이루어진다. 상업적 요인이 개입된다고 해서 모두 나쁘다고 단정할 수는 없다. 하지만 이런 경우 교육은 복잡한 인간 활동으로서의 '배움'이 아니라 '자본주의의 논리'에 휘둘리게 된다. 교육은 교육 가치를 도구 삼아 자본가들의 수익 창출이 확대되는 사회 영역으로 자리 잡고, 점차 그것이 당연하게 여겨지고 있다. 더욱이 (1) 교육 현장에서 기술의 효과를 확인하기 어렵고, (2) 수익성 논리에 교육적 가치가 희생되며, (3) 기술 중심 교수·학습은 복잡한 맥락과 인간 활동을 단순화시키고, (4) 기술 자본가들의 오만한 태도가 정책에 영향을 미치는 권력으로 작동하며, (5) 테크 기반 사업은 생존 경쟁에 내몰린 욕망에 기초하기 때문에 교육 속에 그러한 경쟁을 재생산하게 된다.

결국 에듀테크가 "혁신, 파괴적 혁신, 마법" 같은 상업적 구호를 내세워 밀어붙이는 교육개혁은 공공의 핵심 가치들을 위협한다. 사회적 결속, 공동체 의식, 공동의 책임, 개인의 이익보다 집단의 선을 우선하는 가치가 흔들리고 있다. 기회 평등과 결과의 평등도 위태롭다. 나아가 상업적 개입이 교육 거버넌스의 민주적 과정을 얼마나 악화시키는지도 심각하게 검토해 봐야 한다.

여기에 더해 에듀테크와 관련해 지금 우리 주변에서 반드시 짚고 넘어가야 할 개념이 있다. 바로 '개별맞춤형 교육'이다. 교육부는 '교사가 이끄는 교실 혁명'을 구호로 내세우고, 이를 구현하기 위한 '하이터치 하이테크 교육'을 주창해 왔다. 이 말의 핵심은 디지털 기술(에듀테크)을 활용한 맞춤형 교육이 기존의 고질적 문제를 해결할 수 있다는 관점이다. 이는 앞서 언급한 AI 인재 양성의 기술적 방법이기도 하다. 이 방식에 따르면 모두에게 개별맞춤형 교육이 이루어질 것이며, 실제로 가능하고 바람직하다는 전제가 깔려 있다. 모든 교수·학습 행위가 수학적 공식(함수, 알고리즘)으로 발견·축적·활용된다면, 학습자 개개인의 특성과 필요를 고려한 교육 설계가 가능하다는 것이다. 개별맞춤형 교육은 교육정책의 궁극적 목표처럼 보이고, 또 그렇게 선전되고 있다. 그러나 이 말은 특정 정치적 입장에 따른 이데올로기보다는, 교수·학습에 관심을 기울이는 모든 주체의 가장 큰 관심사이기도 하다. 즉, 집합적 '모두'가 아닌 각 개인의 적성, 능력, 취향, 방식을 고려해 그에 맞는 수준, 형식, 절차, 반응으로 성장을 지원하는 것은 긍정적인 일 아닌가?

그러나 현재 정부가 추진하는 '맞춤형 교육정책'의 일환으로 디지털 기술(에듀테크)을 활용한 맞춤형 교육이 기존의 고질적 문제를 해결할 수 있다는 만능주의적 관점에는 비판적 접근이 필요하다. 실제로 에듀테크를 매개로 한 AI·디지털 교육정책이 '맞춤형 교육'을 실현할 수 있다는 긍정적 평가에는 쉽게 동의하기 어렵다. 맞춤형 교육이 모두에게 실제 가능하며 바람직하다는 전제 자체가 문제이기 때문이다. 맞춤형 교육이 학습자 개개인의 특성과 필요를 고려한 설계와 동일시된다면, 이는 특정 주체가 설정한 목표를 바탕으로 학습자를 특정 방향으로 이끄는 방식으로 작동할 위험이 크다. 또한 '맞춤형 교육'을 실현하는 수단이 인간관계를 최소화하거나 심지어 배제한 '디지털'에 의존해야 한다는 점도 문제다. 학습자의 성장과 전인적 발달에 미치는 영향을 충분히 검토하지 않은 채, 디지털 기반 맞춤형 교육이 정당하다고 단정하는 것은 위험하다.

누군가는 기존 학교가 학생의 수준을 무시한 채 동일한 교육과정을 제공하는 '획일화된 교육'이 오히려 더 폭력적이라고 주장할 수 있다. 그러나 기존 교육의 문제를 해결하는 대안이 지금 정부가 추진하는 디지털 기기 기반 '맞춤형 교육'이라고 단정할 수는 없다. 현재 정책에서 말하는 맞춤형은 '외부에서 내부로의 교육적 개입'을 의미한다. 만약 이를 이상적인 형태로 본다면, 자신에게 맞는 것을 찾고 추구하는 주체는 학습자 자신이어야 한다. 그런 의미에서 '개별맞춤형'이라는 표현은 수용할 수 있다. 그러나 학습자 외부에서 맞춤형 배움이나 교육을 규정하는 순간, 그것은 '이상적인 배움'과 거리가 멀어질 수밖에 없다. 맞춤형 교육의 주체가 학습자가 되는 순간, 더 이상 '맞춤형 교육'이라는 말 자체가 필요 없어진다. 학습자가 아닌 외부의 누군가가 학습을 온전히 이해할 수 없기 때문이다. 인공지능 기술 담론에서 가장 왜곡되어 전달되는 부분은 '외부에서 내부로의 개입'을 마치 학습자 주도성의 발현인 양 포장한다는 점이다. 게다가 학벌 사회로 대표되는 우리나라에서 최고의 교육은 최고의 학교 졸업장이어야 한다. 이 외의 교육은 무의미한 것으로 취급된다. 이런 맥락에서 공교육 제도 안에서의 '맞춤형 교육' 강조는 능력주의로 포장된 차별 사회를 재생산하는 가장 그럴듯한 이론이자 기제가 될 위험이 크다.

'맞춤형 교육'을 실현하겠다고 호언장담하는 정부는, 목표 설정을 둘러싼 쟁점이 국가교육과정(의무교육 포함)으로 대표되는 교수·학습 체제이며, 이는 사회적 합의에 기반한 것이라는 전제 때문에 문제 될 것이 없다고 본다. 정부는 학교에 재학 중인 학생들의 학습 수준과 속도가 다르다는 점을 인정하면서도, 동일한 국가교육과정을 이수해야 할 책무가 헌법에 근거해 국가에 있다고 반난한다. 따라서 정부는 사회적 합의에 기반한 국가교육과정을 학생 개개인의 수준에 맞게 제공하기 위해 디지털 기기의 활용이 바람직하다고 본다. 그러나 '특정 주체가 설정한 목표'는 단순히 국가교육과정의 내용에 국한되지 않는다. 그것은 해당 내용을 어떤 방식으로 가르치려는 주체의 의도와 접근 방식을 포함한다. 그람시는 현대사회의 구조와 변화를 분석하며, 학교를 국가 이데올로기를 재생산하고 강화하는 기관으로 보았다. 따라서 사회적으로 합의된 국가교육과정을 잘 가르치기 위해 디지털 기술을 활용한다는 것은 학교와 국가 간 관계에서 볼 때 지엽적인 수준의 진술에 불과하다. 논의에서 다소 벗어날 수 있으나, 박근혜 정부 시절의 역사 교과서 논쟁을 떠올려 보면 사회적으로 합의된 '국가교육과정'이 실제로 존재할 수 있는지 의문이 제기된다. 특정 이데올로기 집단이 국가교육과정을 활용해 자신이 속한 집단을 종속시키려는 듯 보였기 때문이다. 설사 합의된 '국가교육과정'이 존재한다고 하더라도 그것을 반드시 '디지털'로 구현해야 하는지는 여전히 의문이다. '디지털'을 통해 누군가는 비용을 절감하고, 누군가는 이익을 취할 수 있다는 의심을 피하기 어렵다.

정부가 내세운 '디지털 기반 교육혁신 방안'을 비롯한 에듀테크 정책은 결국 한국 교육의 전환을 기업의 이익에 기대고 있다. 해방 이후 최근까지 국가가 재정적 이익을 창출할 수 있는 활동이라면 무엇이든 추진해 온 발전국가적 기조가 이 정책에서도 드러난다. 안타깝게도 교육의 본질 회복을 바라는 교육 주체들의 요구와 기대는 이러한 기업 편익 중심의 정책 과정에서 충분히 반영되지 못했다. 학생들은 왜 배워야 하는지, 어떻게 배워야 하는지, 배움이 자신과 사회에 어떤 의미를 지니는지, 또 주변 사람들과 어떻게 살아가야 하는지를 모른 채, 단순히 좋은 성적을 받는 것이 곧 잘 배우는 것이라고 여긴다. 그 결과 성적이 높은 사람이 낮은 사람 위에 군림하는 것이 당연시되는 사회가 점차 굳어지고 있다. 교육의 본질 속에서 '인간 연결'을 강화하려면, '디지털 기반 교육혁신 방안'과 같은 기술 중심 접근에서 벗어나 학생들의 배움이 학교에서 의미 있는 경험이 되도록 하는 구조적 변화가 필요하다. 이를 위해 대학 입시가 개인의 인생을 결정짓는 위험도를 낮추고, 학생들이 성적을 위해 사교육에 의존하지 않아도 되는 환경을 만드는 것이 핵심이다. 물론 이는 교육만의 과제가 아니다. 이런 문제를 해결하사고 교육부 장관이 사회부총리를 겸하고 있는 것 아닌가. 많은 이들이 우려하듯, 학교 교육의 디지털 기반 변화는 교육을 기업에 잠식당하게 할 뿐 아니라 교육부가 그토록 강조해 온 '공교육 정상화'의 구호와도 충돌한다. 정책 이후 사교육 기관은 AI 디지털교과서에서 축적된 학생 학습 데이터를 활용해 더 빠르게 적응하고, 수익성 높은 학습 상품을 출시해 학생들을 학교 밖으로 유인할 가능성이 크다.

AI와 디지털 기술이 교수·학습에서 보조적 방식으로 가르침과 배움을 향상할 수 있다는 점에는 동의한다. 그러나 '사이버 병원학교'나 '특수학교'처럼 정상적 학습이 어려운 상황에서 기기가 기초적·보조적 수단으로 투입되는 경우와 일반 학교의 상황은 엄연히 다르다. 디지털 기기가 모든 학생에게 일괄적으로 투입되어 교실의 교수·학습 관계가 기기 중심으로 재편되는 것은 우려스럽다. 일부 수업에서 디지털 기기 활용이 긍정적 효과를 냈다는 연구도 있지만, 부정적 결과를 보고한 연구와 그에 대한 우려 또한 적지 않다. 무엇보다 디지털 기반 교수·학습의 질 향상 목표는 다양한 배경을 지닌 학생들 간 학업 성취도의 격차를 더 크게 만들 것이다. 이 책에서 언급하는 마태효과가 분명 강하게 작동할 것이다.

더 나아가, AI 디지털교과서 등 에듀테크가 교육 주체 간 사회·정서적 교류를 촉진할 것이라는 전제도 따져볼 필요가 있다. 예상컨대, 에듀테크에 의존한 교수·학습은 학생 간 수준과 특성을 반영한 수업을 정상화하지도, 학생의 전인적 성장을 이끌지도, 교사와 학생 간의 인간적 소통이나 관계를 개선하지도 못한다. 상식적으로 인간 사이의 사회·정서적 교류는 중간 매개체(디지털 기기)가 없는 경우 더 활발해지지 않을까? 더욱이 교사와 학생 간 사회·정서적 교류를 확대해야 한다는 정책적 이상이 있다면, 그 대안은 최소한 디지털을 매개한 인간적 연결 방식이 아니어야 한다. 학교라는 공동체와 그 안에서의 배움과 성장을 중심에 두면, 이런 고민은 본질적으로 교육부의 몫이 아니다. 오히려 디지털 기기를 제작하고 이를 통해 이윤을 추구하는 기업이 인간적 연결 방식을 고민해야 할 주체라 할 수 있다. 교육부는 거듭 "교사가 디지털 기술의 도움을 받아 교수·학습에 임하면 학생들과의 관계가 더 인간적으로 소통될 수 있다"라고 주장해 왔다. 그러나 정말 그러할까? 디지털 기기로 교수·학습 시간을 단축한다고 해서 교사가 학생들과 더 많은 인간적 교류를 만들어낼 수 있을까? 이런 주장은 오히려 학교를 공학이 지배하는 지식 전수 공장으로 보는 시각이며, 로봇을 만드는 공학자나 이윤을 추구하는 기업가가 할 법한 이야기다. 적어도 교실에서 학생을 직접 만나는 교사나 학생을 인간적으로 대하고자 하는 교육자라면 그렇게 생각하지 않을 것이다. 따라서 디지털 기기, 즉 기술 중심의 변화는 교육적 관계와 아동의 '전인적 성장'을 해치지 않는 규모, 속도, 정도, 차원에서 추진되어야 한다.

간혹 노무현 정부의 정책을 '왼쪽 깜빡이를 켜고 오른쪽으로 도는 차'에 비유하곤 한다. 차 안에 탄 사람들은 당황하며 따져 묻겠지만, 이를 바라보는 제3자의 입장에서는 우스꽝스럽게 보인다. 교육부의 AI 디지털교과서와 그 후속 정책을 바라보는 교육학자로서 우리 번역자들의 심정이 그렇다. 정부는 에듀테크를 포함한 인공지능 교육 정책에 대한 비판을 완강히 외면한다. 그래서 비판하는 한국의 교육 주체들은 정부가 몰고 가는 차 안에 타고 있으면서도 정작 차 안의 주체로 인정받지 못하는 셈이다. 이런 상황에서 정책이 제시한 '이상'이라는 방향이 제대로 된 것인지에 대한 걱정을 넘어, 오히려 그 이상과는 다른 방향으로 가는 것이 아닐까 하는 우려가 커진다. AI 디지털교과서 정책을 비롯한 여러 에듀테크 및 인공지능 교육 정책이 학생에게 어떤 영향을 미칠지는 불분명하지만, 기업의 이윤 구조에 맞춰진 정책이라는 점만은 분명하다.

이 책을 함께 번역한 우리는 교육의 변화에 관심을 기울이는 교육학 연구자로서, 교육은 윤리성을 지향해야 한다고 믿는다. 교육이 윤리적이지 않아도 되는가? 윤리적 교육은 곧 교육다운 교육을 구현하는 또 다른 표현일 뿐이다. 따라서 기술 기반 교육 체제로의 변화 속에서 윤리적 질문에 제대로 답하지 못한다면, 그것은 곧 "교육이 교육적이지 않아도 되는가?"라는 물음과 같다. 그래도 괜찮은가? 교육이 민주주의를 구현하지 않아도 괜찮은가? 교육이 자본의 이익을 위해 상업적으로 전유되어도 괜찮은가? 교육에 진지하게 관심을 두고 '교육다운 교육'을 고민하는 사람이라면 이 질문들에 쉽게 '예'라고 답할 수 없을 것이다. 최소한 교육다운 교육을 바라는 이들은 '아니오'라고 답할 것이다. 다만 복잡한 맥락 속에서 이루어지는 교육 현장에서, 디지털 기기와 에듀테크 환경이 교육다운 교육을 구현할 수 있는 길을 찾아야 한다. 그럴 수 없다면, 에듀테크 환경에서 빠르게 '거세당할' 교육의 미래를 경계해야 한다. 바로 이 책을 통해 독자들은 저자 셀윈 교수의 통찰력 있는 논의를 따라가며 교육과 기술이 맞닿는 문제들을 검토하고, 또 대안적 논의의 방향을 찾을 수 있을 것이다.

번역 과정에 참여해 준 국회입법조사처 김범주 박사와 경기도교육연구원 배정현 박사께 감사드린다. 점차 진화하는 기술이 교육에 어떤 영향을 미치고, 또 그래야 하는지에 관심을 두고 논의하던 짧은 시간이, 이렇게 중요한 저작을 번역해 교육에 관심 있는 대중과 만나는 작업으로 이어졌다. 짧은 글이지만 낯선 언어를 우리말로 옮기고, 나아가 번역을 통해 익숙한 현실의 문제로 풀어내는 일은 결코 쉽지 않았다. 차라리 우리 이야기를 우리의 글로 쓰는 편이 낫겠다는 생각이 들 때도 많았다. 그럼에도 저자의 일관된 진술과 인문 사회학적 통찰을 함께 공유하는 일은 우리 번역자들에게 큰 학문적 성장을 안겨 주었다. 또 이 책의 핵심적 질문들은, 에듀테크가 학교 교육에 깊숙이 파고든 현실을 돌아보게 하며 중요한 실천적 문제를 제기하게 했다. 협력은 말처럼 쉽지 않다. 하지만 땀 흘리며 산 정상에 올라 바람을 맞는 기쁨이 있기에 기꺼이 힘든 과정을 감내하는 것처럼, 번역 작업에 함께한 우리 공역자들은 이 협력의 결실이 결코 작지 않음을 온몸으로 느끼며 이 과정을 즐겼다. 산 정상에 올라 다음 산을 바라보듯 또 다른 도전을 꿈꾸는 심정이다. 끝으로 어려운 출판 환경 속에서도 흔쾌히 출판을 맡아준 〈살림터〉와 편집진에 깊이 감사한다. 교육의 큰 물줄기가 변화하길 바라는 출판사의 소망은 더딜지라도 반드시 이루어질 것이라 믿는다. 그 길에 함께할 수 있어 더욱 감사하다. 이 책이 교육의 전환을 위한 통찰을 독자들에게 안겨주길 바라며, 그 길이 하루빨리 실현되기를 소망한다.

2025년 9월
역자를 대표해
유성상 쓰다.

주석

서문 에듀테크, 교육에 좋은가?
1. Astra Taylor and Joanne McNeil (2014). 'The dads of tech', The Baffler, 26 (www.thebaffler.com/salvos/dads-tech).
2. Stefan Collni (2013). What are universities for?, London: Penguin.

1장 디지털 기술과 교육 변화
1. The Economist (2014) 'Creative destruction', The Economist, 28 June (www.economist.com/news/leaders/21605906-cost-crisis-changing-labour-markets-and-new-technology-will-turn-old-institution-its).
2. Jeff Jarvis (2009) What would Google do? New York: Harper-Collins, p. 201.
3. Stephen Downes (2010) 'Deinstitutionalizing education', Huffington Post, 2 November (www.huffingtonpost.com/stephen-downes/deinstitutionalizing-educ_b_777132.html).
4. Martin Weller (2015) 'MOOCs and the Silicon Valley narrative', Journal of Interactive Media in Education, 1(5)

(jime.open.ac.uk/ jms/article/view/jime.am/558).
5. Martin Weller (2015).
6. DoSomething.org (2015) 'High school dropout rates' (www.dosomething.org/facts/11-facts-about-high-school-dropout-rates).
7. John Etchemendy (2013) 'Are our colleges and universities failing us?', Higher Education Reporter, 27 December (higheredreporter. carnegie.org/are-our-colleges-and-universities-failing-us/).
8. David Bromwich (2014) 'The hi-tech mess of higher education', New York Review of Books, 14 August (www.nybooks.com/articles/ archives/2014/aug/14/hi-tech-mess-higher-education/).
9. Jeff Howe (2013) Clayton Christensen wants to transform capitalism', Wired, 12 February (www.wired.com/2013/02/mf-clayton-christensen-wants-to-transform-capitalism/all/).
10. Michael Horn and Clayton Christensen (2013) 'Beyond the buzz, where are MOOCs really going?', Wired, 20 February (www.wired.com/2013/02/beyond-the-mooc-buzz-where-are-they-going-really/).
11. Todd Hixon (2014) 'Higher education is now ground zero for dis-ruption', Forbes, 6 January (www.forbes.com/sites/toddhixon/2014/01/06/higher-education-is-now-ground-zero-for-disruption/).
12. Larry Cuban (1992) 'Computer meets classroom, classroom wins', Education Week, 13 February (www.edweek.org/ew/articles/1992/11/11/10cuban.h12.html).
13. Rudi Volti (1997) Society and technological change (second edition),New York: St Martin's Press.

14. Larry Cuban (1986) Teachers and machines, New York: Teachers College Press, p. 52.
15. Sonia Livingstone (2012) 'Critical reflections on the benefits ofICT in education', Oxford Review of Education, 38(1): 9-24.

2장 에듀테크, 교육민주화에 도움이 되는가

1. Sonia Livingstone (2012) 'Critical reflections on the benefits ofICT in education', Oxford Review of Education, 38(1): 9-24.
2. Mike Dorning (1996) 'Clinton plan would put computer in every classroom', Chicago Tribune, 16 February (articles.chicagotribune. com/1996-02-16/news/9602160335_1_computer-school-district-christopher-columbus-school).
3. ABC News (2013) 'President Obama announces broad band-for-schools project at NC middle school', 6 June (abcnews.go.com/ blogs/ politics/2013/06/president-obama-announces-broadband-for-schools-project-at-nc-middle-school).
4. Paul Atkinson (2010) Computer, London: Reaktion, p. 159.
5. Tim Berners-Lee (2014) 'The web at 25: the past, present and future', Wired, 6 February (www.wired.co.uk/magazine/archive/ 2014/03/web-at-25/tim-berners-lee).
6. Kevin Carey (2015) The end of college: creating the future of learning and the university of everywhere, New York: Riverhead, p. 3.
7. Alison George (2013) 'Free online MIT courses are an education revolution', New Scientist, 219(2925): 29 (www.newscientist. com/article/mg21929250.300-free-online-mit-courses-are-an-edu cation-revolution.html#.VC_

QORYWFFI).
8. MIT Open Courseware (2015) 'The next decade of open sharing: reaching one billion minds' (ocw.mit.edu/about/next-decade/initiatives/).
9. John Watson, Larry Pape, Amy Murin, Butch Gemin and Lauren Vashaw (2014) Keeping pace with K-12 digital learning, Durango, CO: Evergreen Education Group (www.kpk12.com/wp-content/ uploads/EEG_KP2014-fnl-Ir.pdf).
10. Kevin Mooney (2011) 'Online charter school proponents envision the democratization of education', The Pelican Post, 24 August (www.thepelicanpost.org/2011/08/24/online-charter-school-pro ponents-envision-the-demo cratization-of-education/).
11. http://www.theschoolinthecloud.org/library/resources/the-school-in-the-cloud-story.
12. hellohub.org/.
13. one.laptop.org/about/mission.
14. Deborah Todd (2013) 'Technology education in Haiti becoming a priority despite disasters', The Pittsburgh Post, 20 October (www.post-gazette.com/news/world/2013/10/20/Technology-ed ucation-in-Haiti-becoming-a-priority-despite-disasters/stories/201310200267).
15. Aleks Krotoski (2014) 'Syria's children learn to code with Raspberry Pi, Guardian, 26 July (www.theguardian.com/technology/ 2014/jul/26/syria-children-learn-to-code-raspberry-pi).
16. Steve Kolowich (2014) 'Can you really teach a MOOC in a refugee camp?', Chronicle of Higher Education, 1

August (chronicle.com/ blogs/ wiredcampus/can-you-really-teach-a-mooc-in-a-refugee-camp/54191).
17. 관련 사례로 다음 내용을 검토할 것. Diether Beuermann, Julian Cristia, Santiago Cueto, Ofer Malamud and Yyannu Cruz-Aguayo (2015) 'One Laptop per Child at home: short-term impacts from a randomized experiment in Peru', American Economic Journal: Applied Economics, 7(2): 53-80.
18. Mark Warschauer (2003) Technology and social inclusion: rethinking the digital divide, Cambridge, MA: MIT Press, p. 2.
19. Nabeel Gillani and Rebecca Eynon (2014) 'Communication patterns in massively open online courses', Internet and Higher Education 23: 18-26. See also Jeffrey J. Selingo (2014),'Demystifying the MOOC, New York Times, 29 October (www.nytimes.com/2014/11/02/education/edlife/demystifying-the-mooc.html?ref=education&_r=0_).
20. Rose Eveleth (2013) 'Online courses aren't actually democratizing education', Smithsonian Magazine, 22 November (www.smithsonianmag.com/smart-news/online-courses-arent-actually-democratizing-education-180947818).
21. 다음 자료를 검토할 것. Katy Jordan (2014) 'Initial trends in enrolment and completion of Massive Open Online Courses', International Review of Research in Open and Distance Learning, 15(1) (www. irrodl.org/index.php/irrodl/article/view/1651); and Lori Breslow(2014), 'Studying learning in the worldwide classroom', Research é Practice in Assessment, 8: 13-25.
22. Patrick White and Neil Selwyn (2012) 'Learning online?

Educational internet use and participation in adult learning, 2002 to 2010', Educational Review 64(4): 451-69.
23. Tressie McMillan Cottom (2014) 'Democratizing ideologies and inequality regimes', Berkman Center for Internet & Society Series, Harvard University, Cambridge, MA (civic.mit.edu/blog/ natematias/inequality-regimes-and-student-experience-in-online-learning-tressie-mcmillan-cottom).
24. Robert Merton (1968) 'The Matthew Effect in science', Science, 159(3810): 56-63. ; Daniel Rigney (2010) The Matthew Effect: how advantage begets further advantage, New York: Columbia University Press.;
25. Kentaro Toyama (2015) Geek heresy: rescuing social change from the cult of technology, New York: Perseus, p. 117.
26. Kathleen Lynch and John Baker (2005) 'Equality in education: an equality of condition perspective', Theory and Research in Education 3(2): 131-64.
27. Kalwant Bhopal and Farzana Shain (2014) 'Educational inclu-sion: towards a social justice agenda?', British Journal of Sociology of Education, 35(5): 645-9 (p. 645). Citing Raewyn Connell, 'Just education', Journal of Education Policy, 27(5): 681-3 (p. 681).
28. Douglas Kellner (2004) Technological transformation, multiple literacies, and the re-visioning of education', E-Learning and Digital Media, 1(1): 9-37 (p. 12).

3장 에듀테크, 개별화교육을 가능하게 하는가

1. Charles Leadbetter (2004) Personalization through participation, London: DEMOS (www.demos.co.uk/files/

personalisationthr oughparticipation.pdf? 1266491309).
2. Nicolas Negroponte (1995) Being digital, New York: Alfred A.Knopf.
3. Catherine Needham (2011) Personalizing public services: understanding the personalization narrative, Bristol: Policy Press.
4. Hannah Green, Keri Facer, Tim Rudd, Patrick Dillon and Peter Humphreys (2006) Personalisation and digital technologies, Bristol:Futurelab, p. 3 (www2.futurelab.org.uk/resources/documents/opening education/Personalisation_report.pdf).
5. AltSchool (2015) Educational approach (www.altschool.com/education#educational-approach).
6. Nichole Dobo (2015) 'Facebook founder and others invest $100 million in a private school model they hope can take root in the public system', Hechinger Report, 5 May (hechingerreport.org/ facebook-founder-and-others-invest-100-million-in-a-private-school-model-they-hope-can-take-root-in-the-publicsystem/).
7. Annika Rensfeldt (2012) '(Information) technologies of the self: personalisation as a new mode of subjectivation and knowledge production', E-Learning and Digital Media, 9(4): 40G-18.
8. Jeffrey Young (2015) 'Here comes Professor Everybody', Chronicle of Higher Education, 2 February (chronicle.com/article/Here-Comes-Professor-Everybody/151445/).
9. Anya Kamenetz (2010) 'How TED connects the idea-hungry elite', Fast Company, 1 September (www.fastcompany.com/ 1677383/how-ted-connects-idea-hungry-elite).
10. Dale Stephens (2013) Hacking your education, New

York: Perigee, p. 9.
11. Daniel Greenstein and Vicki Phillips (2014) 'Five things you should know about personalized learning, Impatient Optimists (Bill & Melinda Gates Foundation), 15 November (www.impatientoptimists.org/Posts/2014/11/5-Things-You-Should-Know-About-Personalized-Learning).
12. Newt Gingrich (2014) 'Get schools out of the 1890s', CNN, 1 August (edition.cnn.com/2014/08/01/opinion/gingrich-schools-blended-teaching-technology).
13. Carl Rogers, cited in Richard Gross (1992) Psychology: the science of mind and behaviour, London: Hodder & Stoughton, p. 905.
14. Barry Zimmerman (2011) 'Barry Zimmerman discusses self-regulated learning processes', Science Watch, December (archive.sciencewatch.com/dr/erf/2011/11decerf/11decerfZimm/).
15. Lee Rainie and Barry Wellman (2012) Networked, Cambridge, MA: MIT Press (back cover).
16. Annika Rensfeldt (2012).
17. Jodi Dean (2014) 'Big data: accumulation and enclosure', p. 18 (www.academia.edu/7125387/Big_data_accumulation_and_ enclosure).
18. Michael Young and Johan Muller (2010) 'Three educational scenarios for the future: lessons from the sociology of knowledge', European Journal of Education, 45(1): 11-27 (p. 16).
19. Daniel Schwartz and John Bransford (1998) 'A time for telling', Cognition and Instruction, 16(4): 475-522.
20. Vicky Duckworth and Matthew Cochrane (2012) 'Spoilt

for choice, spoilt by choice: long-term consequences of limitations imposed by social background', Education+ Training, 54(7): 579-91 (p. 589).
21. Zygmunt Bauman (2013) Does the richness of the few benefit us all?Cambridge: Polity, p. 24.
22. Tressie McMillan Cottom (2014).
23. Zygmunt Bauman (2013), p. 49.

4장 디지털 데이터, 교육을 좀 더 예측 가능하게 하는가

1. Doug Laney (2001) '3D data management: controlling data volume, velocity and variety', Stamford, CT: META Group (blogs.gartner.com/doug-laney/files/2012/01/ad949-3D-Data-Management-Controlling-Data-Volume-Velocity-and-Variety. pdf).
2. Farhad Manjoo (2014) 'Grading teachers, with data from class', New York Times, 3 September (www.nytimes.com/2014/09/04/ technology/students-grade-teachers-and-a-start-up-harnesses-the-data.html).
3. George Siemens, Dragan Gasevic, Caroline Haythornthwaite, Shane Dawson, Simon Buckingham Shum, Rebecca Ferguson, Erik Duval, Katrien Verbert and Ryan Baker (2011) 'Open learning analytics: an integrated & modularized platform', Society for Learning Analytics Research, p. 4 (solaresearch.org/Open LearningAnalytics. pdf).
4. George Siemens et al. (2011).
5. Viktor Mayer-Schönberger and Kenneth Cuiker (2014) Learning with big data: the future of education, New York: Houghton Mifflin Harcourt.
6. Sal Khan, quoted in Stephanie Simon (2014) 'The big biz

of spying on little kids', Politico, 15 May (www.politico.com/story/ 2014/05/data-mining-your-children-106676.html).
7. Jill Barshay (2013) 'Q&A with Knewton's David Kuntz: "Better and faster" learning than a traditional class?, Hechinger Report, 1 July (hechingerreport.org/qa-with-knewtons-david-kuntz-maker-of-algorithms-that-replace -teachers/).
8. Rob Kitchin and Martin Dodge (2012) Code/Space, Cambridge, MA: MIT Press.
9. Deborah Lupton (2015) 'Data assemblages, sentient schools and digitised health and physical education', Sport, Education and Society, 20(1): 122-32.
10. Ben Williamson (2015) 'Algorithmic skin: health-tracking tech-nologies, personal analytics and the bio-pedagogies of digitized health and physical education', Sport, Education and Society, 20(1):133-51 (p. 134).
11. Viktor Mayer-Schönberger and Kenneth Cukier (2014) Learning with big data: the future of education (Kindle-only edition), New York: Houghton Mifflin Harcourt.
12. James Manyika, Michael Chui, Diana Farrell, Steve van Kuiken, Peter Groves and Elizabeth Doshi (2013) Open data: unlocking innovation and performance with liquid information, McKinsey Global Institute Report (www.mckinsey.com/insights/business_ technology/open_data_ unlocking innovation_and_performan ce_with_liquid_ information).
13. Viktor Mayer-Schönberger and Kenneth Cuiker (2014), n.p.
14. David Kuntz quoted in Jill Barshay (2013).

15. Viktor Mayer-Schönberger and Kenneth Cuiker (2014), n.p.
16. Phil DeMuth (2014) 'How B.F. Skinner will save online edu-cation', Forbes, 15 October (www.forbes.com/sites/phildemuth/ 2014/10/15/how-b-f-skinner-will-save-online-education/).
17. Michael Gurstein (2011) 'Open data: empowering the empow-ered or effective data use for everyone?', First Monday, 16(2-7) firstmonday.org/article/view/3316/2764).
18. Kevin Boudreau (2010) 'Open platform strategies and innovation: granting access vs devolving control', Management Science, 56(10): 1849-72.
19. Youngjin Yoo, Richard Boland, Kalle Lyytinen and Ann Majchrzak (2012) 'Organizing for innovation in the digitized world', Organization Science, 23(5): 1398-1408.
20. Ben Wellington (2015) 'Safe hallways, successful tests', Data Science for Social Good, 20 March (dssg.io/2015/03/20/import-ben-wellington.html).
21. The 'Stacked Up' campaign run by Meredith Brossard, Pam Selle and Jeff Frankl (www.stackedup.org).
22. Shannon Mattern (2013) 'Methodolatry, and the art of measure: the new wave of urban data science', Places, November (places-journal.org/article/methodolatry-and-the-art-of-measure/).
23. Rob Kitchin (2014) The data revolution: big data, open data, data infrastructures and their consequences, London: Sage, p. 181.
24. Sam Sellar (2015) 'A feel for numbers: affect, data and education policy', Critical Studies in Education, 56(1): 131-46.

25. Danah Boyd and Kate Crawford (2012) 'Critical questions for big data', Information, Communication & Society, 15(5): 662-79 (p. 668).
26. Liz Browne and Steve Rayner (2015) 'Managing leadership in university reform: data-led decision-making, the cost of learning and déjà vu?', Educational Management Administration & Leadership 43(2): 290-307 (p. 304).
27. Gert Biesta (2009) 'Good education in an age of measurement: on the need to reconnect with the question of purpose in educa-tion', Educational Assessment, Evaluation and Accountability, 21(1): 33-46 (p. 35).
28. Evgeny Morozov (2014) 'The planning machine', The New Yorker, 13 October (www.newyorker.com/magazine/2014/10/13/planning-machine).
29. Scott Lash (2002) Critique as information, London: Sage.
30. Rob Kitchin (2014).
31. Dan Knox (2010) 'Spies in the house of learning: a typology of surveillance in online learning environments', paper presented to 'EDGE 2010: e-Learning: the horizon and beyond' conference, Memorial University of Newfoundland, Canada, October.
32. Lev Manovich (2011) 'Trending: the promises and the challenges of big social data', in Matthew Gold (ed.), Debates in the digital humanities, Minneapolis: University of Minnesota Press, pp. 460-75.
33. Matthew Militello, Lisa Bass, Karen Jackson and Yuling Wang(2013) 'How data are used and misused in schools', Education Sciences, 3(2): 98-120.
34. Neil M. Richards and Jonathan H. King (2014) 'Big data ethics', Wake Forest Law Review, 19 May (papers.ssrn.

com/sol3/papers.
35. Rob Kitchin (2014), p. 185.
36. Gert Biesta (2009), p. 35.
37. Lisa Loop (2014) @LisaloopED, 26 August (twitter.com/LizaLoopED/status/504351036757524480).
38. Rob Kitchin (2014), p. 164.

5장 에듀테크, 교육을 더 상업적으로 만드는가

1. Jordan Shapiro (2013) 'Grab a share of education's $6 trillion marketplace', Forbes, 11 September (www.forbes.com/sites/jordanshapiro/2013/09/11/grab-a-share-of-education-6-trillion-marketplace).
2. Audrey Watters (2013) 'The business of ed-tech', Hack Education, 23 December (hackeducation.com/2013/12/23/top-ed-tech-trends-2013-business).
3. David Nagel (2014) 'US PreK-12 is a $7.9 billion software market', THE journal, 8 January (thejournal.com/article/2014/01/08/siia-u.s.-prek12-is-a-7.9-billion-software-market.aspx).
4. Carl Straumsheim (2015) 'Ed tech's funding frenzy', Inside Higher Ed, 24 July (www.insidehighered.com/new/2015/07/24/investments-ed-tech-companies-reach-new-high-first-half-2015).
5. 1986년 시작된 가속리더(Accelerated Reader, AR)라는 교육 프로그램 개발을 시작으로 발전해 온 전 세계적인 에듀테크 선두 기업이다. 맞춤형 평가 도구와 학습 분석을 제공하는 소프트웨어로 잘 알려져 있으며, 미국, 캐나다, 영국, 한국, 호주 등에 자회사를 두고 있다.
6. Michelle Molnar (2014) 'Billion-dollar deal heats up ed-tech market', Education Week, 26 March (www.edweek.

org/ew/articles/2014/03/26/26acquisition.h33.html).
7. 2014년, 구글은 브랜드 가치 1,590억 달러로 '세계에서 가장 가치 있는 브랜드'로 다시 선정되었다. 구글이 1위를 탈환한 회사는 애플이었으며, 애플의 브랜드 가치는 1,480억 달러였다. 이에 비해 뉴질랜드의 국내총생산(GDP)은 약 1,220억 달러 수준이다. 이하 참조.See Sarah Gordon (2014) 'Global brands: Google pips Apple in popularity', Financial Times, 21 May (www.ft.com/intl/cms/s/2/d8ea4e6e-da79-11e3-a448-00144feabdc0.html#axzz32O1tw2ZQ).
8. Liz Sproat (Google's Head of Education across Europe, the Middle East and Africa) cited in Matt Warman (2015) 'How Google is trying to muscle into Britain's schools', The Telegraph, 22 February (www.telegraph.co.uk/technology/11428123/How-Google-is-trying-tomuscle-into-Britains-Schools.html).
9. Lisa Wolfson (2013) 'Venture capital needed for "broken" US education, Thrun says', Business Week, 18 June (http://www.bloomberg.com/news/articles/2013-06-18/venture-capital-needed-for-broken-u-s-education-thrun-says).
10. Will Hutton (2013) 'In California, I saw the virtues-and vices-of the new economy', Guardian, 14 September (www.theguardian.com/commentisfree/2013/sep/14/californian-capitalism-can-teach-britain).
11. Audrey Watters (2015) 'Ed-tech and the Californian ideology', Hack Education, 17 May (hackeducation.com/2015/05/17/ed-tech-ideology/).
12. Will Hutton (2013).
13. sof.philasd.org/about.
14. Vivek Wadhwa (2013) 'Billionaire's failed education experiment proves there's no shortcut to success', Forbes,

11 September (www.forbes.com/sites/singularity/2013/09/11/peter-thiel-promised-flying-cars-instead-we-gor-caffeine-spray).

15. Dale Russakoff (2014) 'Schooled', The New Yorker, 19 May (www.newyorker.com/reporting/2014/05/19/140519fa_fact_russakoff?currentPage=all).

16. Marc Parry, Katy Field and Beckie Supiano (2013) 'The Gates effect', Chronicle of Higher Education, 14 July (www.chronicle.com/article/The-Gates-Effect/140323).

17. Diane Ravitch (2013) Reign of error (Kindle edition), New York: Knopf, n.p.

18. Mark Parry et al. (2013).

19. Kristen V. Brown (2014) 'Tech leaders lobby for coding classes in California schools', SFGate, 6 May (www.sfgate.com/technology/article/Tech-leaders-lobby-for-coding-classes-in-5458627.php).

20. Torin Douglas (2011) 'Google's Eric Schomidt criticises education in the UK', BBC New, 26 August (www.bbc.com/news/uk-14683133).

21. Kevin Carey (2012) 'The siege of academe', Washington Monthly, September/October (www.washingtonmonthly.com/magazine/septemberoctober_2012/features/_its_three_oclock_in039373.php?page=all#).

22. Benjamin Herold (2013) 'Bill Gates on teaching, ed tech, and philanthropy', Education Week, 16 August (blogs.edweek.org/edweek/DigitalEducation/2013/08/qa_bill_gates_teaching_edtech_philanthropy.html).

23. Aurdey Watters (2013).

24. Christopher Nyren (2014) 'Why Silicon Valley sucks at EdTech', Medium.com, 16 June (medium.com/@EdTech/

why-silicon-valley-sucks-at-edteck-aeee24d758da).
25. Valerie Strauss (2013) 'Bill Gates: "It would be great if our education stuff worked but…"', The Washington Post, 27 September (www.washingtonpost.com/blogs/answer-sheet/wp/2013/09/27/bill-gates-it-would-be-great-if-our-education-stuff-worked-but/).
26. Anthony Picciano and Joel Spring (2013) The great American education-industrial complex, New York: Routledge.

6장 '좋은' 교육을 위한 디지털 기술

1. Neil Postman (1990) 'Informing ourselves to death', speech to the German Informatics Society (Gesellschaft für Informatik) October, Stuttgart (w2.eff.org/Net_culture/Criticisms/informing_ourselves_to_death.paper).
2. Gert Biesta (2009).
3. Gert Biesta (2009), p. 40.
4. Langdon Winner (1997) 'cyberlibertarian myths and the prospects for community' (homepages.rpi.edu/~winner/cyberlib2.html).
5. Clyde Wayne Crews Jr (2014) 'Techno-libertarianism: building the case for separation of technology and state', Forbes, 17 July (www.forbes.com/sites/waynecrews/2014/07/17/techno-libertarianism-building-the-case-for-separation-of-technology-and-stae/).
6. Andrew Leonard (2014) 'Tech's toxic political culture: the stealth libertarianism of Silicon Valley bigwigs', Salon, 6 June (www.salon.com/2014/06/06/techs_toxic_political_culture_the_stealth_libertarianism_of_silicon_valley_big wigs/).

7. Andy Cameron and Richard Barnbrook (1995) 'The Californian ideology', Mute 3 (www.hrc.wmin.ac.uk/theory-californianideologt-mute.html).
8. Haley Sweetland Edwards (2014) 'The war on teacher tenure', Time, 30 October (time.com/3533556/the-war-on-teacher-tenure/).
9. Tressie McMillan Cottom (2014).
10. Michael Apple (2013) Can education change societry?, London: Routledge, pp. 7-8.
11. Evgeny Morozov (2014) 'Against solutionism', keynote speech to DLD14 conference, Munich, January (t.com/977jk RRcHi).
12. Michael Apple (2013), p. 15.
13. Michael Apple (2013), p. 15.
14. Steve Fuller (2014) 'Sociology as the science of human uplift', keynote speech to the British Sociological Association Conference, April 2014 (vimeo.com/103788 571).
15. Jeir Clausing (2014) 'Gates says fixing education biggest challenge', Huffington Post, 1 July (www.huffingtonpost.com/2014/07/01/bill-gates-education-challenge_n_5547 848.html).
16. Ash Amin and Nigel Thrift (2005) 'What's left? Just the future', Antipode, 37: 220-338 (p. 221).
17. Robert W. McChesney (2014) 'Be realistic, demand the imposeible: three radically democratic internet policies', Critical Studies in Media Communication, 31(2): 92-9 (p. 93).
18. Paul Mason (2014) 'From Concorde to the iPhone, state intervention drives technological innovation', Cuardian,

27 July (www.theguardian.com/commentisfree/2014/jul/27/concorde-iphone-history-state-intervention-technological -innovation).
19. Emma Carragher (2014) 'Are corporate social responsibility policies an indication of the rise of the "ethical corpo ration" or are they simply a public relations strategy?', the Socsi Review, 1: 15.
20. Keri Facer (2011) Learning futures, London: Routledge.
21. Harry Frankfurt (1986) 'On bullshit', Raritan Quarterly Review, 6(2): n.p. (www.stoa.org.uk/topics/bullshit/pdf/on -bullshit.pdf).
22. Howard Stevenson (2014) 'Why teachers should be sceptical of a new College of Teaching', The conversationa, 16 December (theconversation.com/why-teachers-should-be-sceptical-of-a-new-college-of-teaching-35280).
23. 이하 참조 'The perils of public debate', editorial in Nature Neuroscience, 8: 535 (www.nature.com/neuro/jour nal/v8/n5/full/nn0505-535.html).

삶의 행복을 꿈꾸는 교육은 어디에서 오는가?

● **교육혁명을 앞당기는 배움책 이야기** 혁신교육의 철학과 잉걸진 미래를 만나다!

한국교육연구네트워크 총서

01	핀란드 교육혁명	한국교육연구네트워크 엮음 ǀ 320쪽 ǀ 값 18,000원
02	일제고사를 넘어서	한국교육연구네트워크 엮음 ǀ 284쪽 ǀ 값 13,000원
03	새로운 사회를 여는 교육혁명	한국교육연구네트워크 엮음 ǀ 380쪽 ǀ 값 17,000원
04	교장제도 혁명	한국교육연구네트워크 엮음 ǀ 268쪽 ǀ 값 14,000원
05	새로운 사회를 여는 교육자치 혁명	한국교육연구네트워크 엮음 ǀ 312쪽 ǀ 값 15,000원
06	혁신학교에 대한 교육학적 성찰	한국교육연구네트워크 엮음 ǀ 308쪽 ǀ 값 15,000원
07	진보주의 교육의 세계적 동향	한국교육연구네트워크 엮음 ǀ 324쪽 ǀ 값 17,000원
08	더 나은 세상을 위한 학교혁명	한국교육연구네트워크 엮음 ǀ 404쪽 ǀ 값 21,000원
09	비판적 실천을 위한 교육학	이윤미 외 지음 ǀ 448쪽 ǀ 값 23,000원
10	마을교육공동체운동: 세계적 동향과 전망	심성보 외 지음 ǀ 376쪽 ǀ 값 18,000원
11	학교 민주시민교육의 세계적 동향과 과제	심성보 외 지음 ǀ 308쪽 ǀ 값 16,000원
12	학교를 민주주의의 정원으로 가꿀 수 있을까?	성열관 외 지음 ǀ 272쪽 ǀ 값 16,000원
13	교육사상가의 삶과 사상 -서양 편 1	심성보 외 지음 ǀ 420쪽 ǀ 값 23,000원
14	교육사상가의 삶과 사상 -서양 편 2	김누리 외 지음 ǀ 432쪽 ǀ 값 25,000원
15	사교육 해방 국민투표	이형빈·송경원 지음 ǀ 260쪽 ǀ 값 17,000원
16	유토피아 교육학	심성보 지음 ǀ 460쪽 ǀ 값 27,000원

한국교육연구네트워크 번역 총서

01	프레이리와 교육	존 엘리아스 지음 ǀ 한국교육연구네트워크 옮김 ǀ 276쪽 ǀ 값 14,000원
02	교육은 사회를 바꿀 수 있을까?	마이클 애플 지음 ǀ 강희룡·김선우·박원순·이형빈 옮김 ǀ 356쪽 ǀ 값 16,000원
03	비판적 페다고지는 세상을 변화시킬 수 있는가?	Seewha Cho 지음 ǀ 심성보·조시화 옮김 ǀ 280쪽 ǀ 값 14,000원
04	마이클 애플의 민주학교	마이클 애플·제임스 빈 엮음 ǀ 강희룡 옮김 ǀ 276쪽 ǀ 값 14,000원
05	21세기 교육과 민주주의	넬 나딩스 지음 ǀ 심성보 옮김 ǀ 392쪽 ǀ 값 18,000원
06	세계교육개혁 민영화 우선인가 공적 투자 강화인가?	린다 달링-해먼드 외 지음 ǀ 심성보 외 옮김 ǀ 408쪽 ǀ 값 25,000원
07	콩도르세, 공교육에 관한 다섯 논문	니콜라 드 콩도르세 지음 ǀ 이주환 옮김 ǀ 300쪽 ǀ 값 16,000원
08	학교를 변론하다	얀 마스켈라인·마틴 시몬스 지음 ǀ 윤선인 옮김 ǀ 252쪽 ǀ 값 15,000원
09	존 듀이와 교육	짐 개리슨 외 지음 ǀ 심성보 외 옮김 ǀ 376쪽 ǀ 값 19,000원
10	진보주의 교육운동사	윌리엄 헤이스 지음 ǀ 심성보 외 옮김 ǀ 324쪽 ǀ 값 18,000원
11	사랑의 교육학	안토니아 다더 지음 ǀ 심성보 외 옮김 ǀ 412쪽 ǀ 값 22,000원
12	다시 읽는 민주주의와 교육	존 듀이 지음 ǀ 심성보 옮김 ǀ 620쪽 ǀ 값 32,000원
13	세계의 대안교육	넬 나딩스·헬렌 리즈 엮음 ǀ 심성보 외 11인 옮김 ǀ 652쪽 ǀ 값 38,000원

미래 100년을 향한 새로운 교육
혁신교육을 실천하는 교사들의 필독서

● 비고츠키 선집 발달과 협력의 교육학 어떻게 읽을 것인가?

01 생각과 말	L.S. 비고츠키 지음 ⎮ 배희철·김용호·D. 켈로그 옮김 ⎮ 690쪽 ⎮ 값 33,000원
02 도구와 기호	비고츠키·루리야 지음 ⎮ 비고츠키 연구회 옮김 ⎮ 336쪽 ⎮ 값 16,000원
03 어린이 자기행동숙달의 역사와 발달 I	L.S. 비고츠키 지음 ⎮ 비고츠키 연구회 옮김 ⎮ 564쪽 ⎮ 값 28,000원
04 어린이 자기행동숙달의 역사와 발달 II	L.S. 비고츠키 지음 ⎮ 비고츠키 연구회 옮김 ⎮ 552쪽 ⎮ 값 28,000원
05 어린이의 상상과 창조	L.S. 비고츠키 지음 ⎮ 비고츠키 연구회 옮김 ⎮ 280쪽 ⎮ 값 15,000원
06 성장과 분화	L.S. 비고츠키 지음 ⎮ 비고츠키 연구회 옮김 ⎮ 308쪽 ⎮ 값 15,000원
07 연령과 위기	L.S. 비고츠키 지음 ⎮ 비고츠키 연구회 옮김 ⎮ 336쪽 ⎮ 값 17,000원
08 의식과 숙달	L.S 비고츠키 ⎮ 비고츠키 연구회 옮김 ⎮ 348쪽 ⎮ 값 17,000원
09 분열과 사랑	L.S. 비고츠키 지음 ⎮ 비고츠키 연구회 옮김 ⎮ 260쪽 ⎮ 값 16,000원
10 성애와 갈등	L.S. 비고츠키 지음 ⎮ 비고츠키 연구회 옮김 ⎮ 268쪽 ⎮ 값 17,000원
11 흥미와 개념	L.S. 비고츠키 지음 ⎮ 비고츠키 연구회 옮김 ⎮ 408쪽 ⎮ 값 21,000원
12 인격과 세계관	L.S. 비고츠키 지음 ⎮ 비고츠키 연구회 옮김 ⎮ 372쪽 ⎮ 값 22,000원
13 정서 학설 I	L.S. 비고츠키 지음 ⎮ 비고츠키 연구회 옮김 ⎮ 584쪽 ⎮ 값 35,000원
14 정서 학설 II	L.S. 비고츠키 지음 ⎮ 비고츠키 연구회 옮김 ⎮ 480쪽 ⎮ 값 35,000원
15 심리학 위기의 역사적 의미	L.S. 비고츠키 지음 ⎮ 비고츠키 연구회 옮김 ⎮ 556쪽 ⎮ 값 38,000원
비고츠키와 인지 발달의 비밀	A.R. 루리야 지음 ⎮ 배희철 옮김 ⎮ 280쪽 ⎮ 값 15,000원
비고츠키의 발달교육이란 무엇인가?	비고츠키교육학실천연구모임 지음 ⎮ 412쪽 ⎮ 값 21,000원
비고츠키 철학으로 본 핀란드 교육과정	배희철 지음 ⎮ 456쪽 ⎮ 값 23,000원
비고츠키와 마르크스	앤디 블런던 외 지음 ⎮ 이성우 옮김 ⎮ 388쪽 ⎮ 값 19,000원
수업과 수업 사이	비고츠키 연구회 지음 ⎮ 196쪽 ⎮ 값 12,000원
관계의 교육학, 비고츠키	진보교육연구소 비고츠키교육학실천연구모임 지음 ⎮ 300쪽 ⎮ 값 15,000원
교사와 부모를 위한 발달교육이란 무엇인가?	현광일 지음 ⎮ 380쪽 ⎮ 값 18,000원
비고츠키 생각과 말 쉽게 읽기	진보교육연구소 비고츠키교육학실천연구모임 지음 ⎮ 316쪽 ⎮ 값 15,000원
교사와 부모를 위한 비고츠키 교육학	카르포프 지음 ⎮ 실천교사번역팀 옮김 ⎮ 308쪽 ⎮ 값 15,000원
레프 비고츠키	르네 반 데 비어 지음 ⎮ 배희철 옮김 ⎮ 296쪽 ⎮ 값 21,000원

혁신학교	성열관·이순철 지음 ǀ 224쪽 ǀ 값 12,000원
행복한 혁신학교 만들기	초등교육과정연구모임 지음 ǀ 264쪽 ǀ 값 13,000원
서울형 혁신학교 이야기	이부영 지음 ǀ 320쪽 ǀ 값 15,000원
혁신교육, 철학을 만나다	브렌트 데이비스·데니스 수마라 지음 ǀ 현인철·서용선 옮김 ǀ 304쪽 ǀ 값 15,000
대한민국 교사, 어떻게 가르칠 것인가?	윤성관 지음 ǀ 320쪽 ǀ 값 15,000원
아이들을 어떻게 가르칠 것인가	사토 마나부 지음 ǀ 박찬영 옮김 ǀ 232쪽 ǀ 값 13,000원
모두를 위한 국제이해교육	한국국제이해교육학회 지음 ǀ 364쪽 ǀ 값 16,000원
경쟁을 넘어 발달 교육으로	현광일 지음 ǀ 288쪽 ǀ 값 14,000원
혁신교육 존 듀이에게 묻다	서용선 지음 ǀ 292쪽 ǀ 값 16,000원
다시 읽는 조선교육사	이만규 지음 ǀ 750쪽 ǀ 값 37,000원
교실 속으로 간 이해중심 교육과정(개정판)	온정덕 외 지음 ǀ 216쪽 ǀ 값 15,000원
대한민국 교육혁명	교육혁명공동행동 연구위원회 지음 ǀ 224쪽 ǀ 값 12,000원
포스트 코로나 시대의 교육	성열관 외 지음 ǀ 224쪽 ǀ 값 15,000원
내일 수업 어떻게 하지?	아이함께 지음 ǀ 300쪽 ǀ 값 15,000원
핀란드 교육의 기적	한넬레 니에미 외 엮음 ǀ 장수명 외 옮김 ǀ 456쪽 ǀ 값 23,000원
한국 교육의 현실과 전망	심성보 지음 ǀ 724쪽 ǀ 값 35,000원
독일의 학교교육	정기섭 지음 ǀ 536쪽 ǀ 값 29,000원
교실 속으로 간 이해중심 통합교육과정	온정덕 외 지음 ǀ 224쪽 ǀ 값 15,000원
초등 백워드 교육과정 설계와 실천 이야기	김병일 외 지음 ǀ 352쪽 ǀ 값 19,000원
학습격차 해소를 위한 새로운 도전 보편적 학습설계 수업	조윤정 외 지음 ǀ 240쪽 ǀ 값 15,000원

● 경쟁과 차별을 넘어 평등과 협력으로 미래를 열어가는 교육 대전환! 혁신교육 현장 필독서

학교의 미래, 전문적 학습공동체로 열다	새로운학교네트워크·오윤주 외 지음 ǀ 276쪽 ǀ 값 16,000원
마을교육공동체 생태적 의미와 실천	김용련 지음 ǀ 256쪽 ǀ 값 15,000원
학교폭력, 멈춰!	문재현 외 지음 ǀ 348쪽 ǀ 값 15,000원
학교를 살리는 회복적 생활교육	김민자·이순영·정선영 지음 ǀ 256쪽 ǀ 값 15,000원
삶의 시간을 잇는 문화예술교육	고영직 지음 ǀ 292쪽 ǀ 값 18,000원
미래교육을 디자인하는 학교교육과정	박승열 외 지음 ǀ 348쪽 ǀ 값 18,000원
코로나 시대, 마을교육공동체운동과 생태적 교육학	심성보 지음 ǀ 280쪽 ǀ 값 17,000원
혐오, 교실에 들어오다	이혜정 외 지음 ǀ 232쪽 ǀ 값 15,000원
수업, 슬로리딩과 함께	박경숙 외 지음 ǀ 268쪽 ǀ 값 15,000원
물질과의 새로운 만남	베로니카 파치니-케처바우 외 지음 ǀ 이연선 외 옮김 ǀ 218쪽 ǀ 값 15,000원
그림책으로 만나는 인권교육	강진미 외 지음 ǀ 272쪽 ǀ 값 18,000원

제목	저자/쪽수/가격
수업 고수들 수업·교육과정·평가를 말하다	박현숙 외 지음	368쪽	값 17,000원
아이들의 배움은 어떻게 깊어지는가	이시이 준지 지음	방지현·이창희 옮김	200쪽	값 11,000원
미래, 공생교육	김환희 지음	244쪽	값 15,000원
들뢰즈와 가타리를 통해 유아교육 읽기	리세롯 마리엣 올슨 지음	이연선 외 옮김	328쪽	값 17,000원
혁신고등학교, 무엇이 다른가?	김현자 외 지음	344쪽	값 18,000원
시민이 만드는 교육 대전환	심성보·김태정 지음	248쪽	값 15,000원
평화교육 과거, 현재 그리고 미래를 그리다	모니샤 바자즈 외 지음	권순정 외 옮김	268쪽	값 18,000원
마을교육공동체란 무엇인가?	서용선 외 지음	360쪽	값 17,000원
강화도의 기억을 걷다	최보길 지음	276쪽	값 14,000원
체육 교사, 수업을 말하다	전용진 지음	304쪽	값 15,000원
평화의 교육과정 섬김의 리더십	이준원·이형빈 지음	292쪽	값 16,000원
마을로 걸어간 교사들, 마을교육과정을 그리다	백윤애 외 지음	336쪽	값 16,000원
혁신교육지구와 마을교육공동체는 어떻게 만들어지는가?	김태정 지음	376쪽	값 18,000원
서울대 10개 만들기	김종영 지음	348쪽	값 18,000원
선생님, 통일이 뭐예요?	정경호 지음	252쪽	값 13,000원
10년 후 통일	정동영 지음	328쪽	값 15,000원
함께 배움 학생 주도 배움 중심 수업 이렇게 한다	니시카와 준 지음	백경석 옮김	280쪽	값 15,000원
다정한 교실에서 20,000시간	강정희 지음	296쪽	값 16,000원
즐거운 세계사 수업	김은석 지음	328쪽	값 13,000원
학교를 개선하는 교장	마이클 풀란 지음	서동연·정효준 옮김	216쪽	값 13,000원
선생님, 민주시민교육이 뭐예요?	염경미 지음	244쪽	값 15,000원
교육혁신의 시대 배움의 공간을 상상하다	함영기 외 지음	264쪽	값 17,000원
도덕 수업, 책으로 묻고 윤리로 답하다	울산도덕교사모임 지음	320쪽	값 15,000원
교육과 민주주의	필라르 오카디즈 외 지음	유성상 옮김	420쪽	값 25,000원
교육회복과 적극적 시민교육	강순원 지음	228쪽	값 15,000원
비판적 미디어 리터러시 가이드	더글러스 켈너·제프 셰어 지음	여은호·원숙경 옮김	252쪽	값 18,000원
지속가능한 마을, 교육, 공동체를 위하여	강영택 지음	328쪽	값 18,000원
대전환 시대 변혁의 교육학	진보교육연구소 교육과정연구모임 지음	400쪽	값 23,000원
교육의 미래와 학교혁신	마크 터커 지음	전국교원양성대학교 총장협의회 옮김	336쪽	값 18,000원
남도 임진의병의 기억을 걷다	김남철 지음	288쪽	값 18,000원
프레이리에게 변혁의 길을 묻다	심성보 지음	672쪽	값 33,000원
다시, 혁신학교!	성기신 외 지음	300쪽	값 18,000원
백워드로 설계하고 피드백으로 완성하는 성장중심평가	이형빈·김성수 지음	356쪽	값 19,000원

제목	저자 정보
우리 교육, 거장에게 묻다	표혜빈 외 지음	272쪽	값 17,000원
교사에게 강요된 침묵	설진성 지음	296쪽	값 18,000원
왜 체 게바라인가	송필경 지음	320쪽	값 19,000원
풀무의 삶과 배움	김현자 지음	352쪽	값 20,000원
비고츠키 아동학과 글쓰기 교육	한희정 지음	300쪽	값 18,000원
교실을 위한 프레이리	아이러 쇼어 엮음	사람대사람 옮김	410쪽	값 23,000원
마을, 그 깊은 이야기 샘	문재현 외 지음	404쪽	값 23,000원
비난받는 교사	다이애나 폴레비치 지음	유성상 외 옮김	404쪽	값 23,000원
한국교육운동의 역사와 전망	하성환 지음	308쪽	값 18,000원
철학이 있는 교실살이	이성우 지음	272쪽	값 17,000원
왜 지속가능한 디지털 공동체인가	현광일 지음	280쪽	값 17,000원
선생님, 우리 영화로 세계시민 만나요!	변지윤 외 지음	328쪽	값 19,000원
아이를 함께 키울 온 마을은 어떻게 만들어야 할까?	차상진 지음	288쪽	값 17,000원
선생님, 제주 4·3이 뭐예요?	한강범 지음	308쪽	값 18,000원
마을배움길 학교 이야기	김명신 외 지음	300쪽	값 18,000원
다시, 남도의 기억을 걷다	노성태 지음	332쪽	값 19,000원
세계의 혁신 대학을 찾아서	안문석 지음	284쪽	값 17,000원
소박한 자율의 사상가, 이반 일리치	박홍규 지음	328쪽	값 19,000원
선생님, 평가 어떻게 하세요?	성열관 외 지음	220쪽	값 15,000원
남도 한말의병의 기억을 걷다	김남철 지음	316쪽	값 19,000원
생태전환교육, 학교에서 어떻게 할까?	심지영 지음	236쪽	값 15,000원
어떻게 어린이를 사랑해야 하는가	야누쉬 코르착 지음	송순재·안미현 옮김	408쪽	값 23,000원
북유럽의 교사와 교직	예스터 에크하트 라르센 외 엮음	유성상·김민조 옮김	412쪽	값 24,000원
산마을 너머 지금 뭐해?	최보길 외 지음	260쪽	값 17,000원
전문적 학습네트워크	크리스 브라운 외 엮음	성기선·문은경 옮김	424쪽	값 24,000원
초등 개념기반 탐구학습 설계와 실천 이야기	김병일 외 지음	380쪽	값 27,000원
선생님이 왜 노조 해요?	교사노동조합연맹 기획	324쪽	값 18,000원
교실을 광장으로 만들기	윤철기 외 지음	212쪽	값 17,000원
자율성과 전문성을 지닌 교사 되기	린다 달링 해몬드 외 지음	전국교원양성대학교총장협의회 옮김 412쪽	값 25,000원
선생님, 완벽하지 않아도 괜찮아요	유승재 지음	264쪽	값 17,000원
지속가능한 리더십	앤디 하그리브스 외 지음	정바울 외 옮김	352쪽	값 21,000원
남도 명량의 기억을 걷다	이돈삼 지음	280쪽	값 17,000원
교사가 아프다	송원재 지음	300쪽	값 18,000원

제목	저자 정보
존 듀이의 생명과 경험의 문화적 전환	현광일 지음 | 272쪽 | 값 17,000원
왜 읽고 쓰고 걸어야 하는가?	김태정 지음 | 300쪽 | 값 18,000원
미래 교직 디자인	캐럴 G. 베이즐 외 지음 | 정바울 외 옮김 | 192쪽 | 값 17,000원
타일러 교육과정과 수업 설계의 기본 원리	랄프 타일러 지음 | 이형빈 옮김 | 176쪽 | 값 15,000원
시로 읽는 교육의 풍경	강영택 지음 | 212쪽 | 값 17,000원
부산 교육의 미래 2026	이상철 외 지음 | 384쪽 | 값 22,000원
11권의 그림책으로 만나는 평화통일 수업	경기평화교육센터·곽인숙 외 지음 | 304쪽 | 값 19,000원
명랑 10대 명량 챌린지	강정희 지음 | 320쪽 | 값 18,000원
교장이 바뀌면 학교가 바뀐다	홍제남 지음 | 260쪽 | 값 16,000원
모두 아픈 학교, 공동체로 회복하기	김성천 외 지음 | 276쪽 | 값 17,000원
교육정치학의 이론과 실천	김용일 지음 | 296쪽 | 값 18,000원
마오쩌둥의 국제정치사상	정세현 지음 | 332쪽 | 값 19,000원
교사, 깊이 있는 학습을 말하다	황철형 외 지음 | 214쪽 | 값 15,000원
더 나은 사고를 위한 교육	앤 마가렛 샤프 외 지음 | 김혜숙·박상욱 옮김 | 438쪽 | 값 26,000원
더 좋은 교육과정 더 나은 수업	이형빈 지음 | 292쪽 | 값 18,000원
한나 아렌트와 교육	모르데하이 고든 엮음 | 조나영 옮김 | 376쪽 | 값 23,000원
공동체의 힘, 작은학교 만들기	미셸 앤더슨 외 지음 | 권순형 외 옮김 | 264쪽 | 값 18,000원
토대역량과 사회정의	존 알렉산더 지음 | 유성상·이인영 옮김 | 324쪽 | 값 22,000원
마을교육, 다 함께 가치	김미연 외 지음 | 320쪽 | 값 19,000원
북한 교육과 평화통일 교육	이병호 지음 | 336쪽 | 값 22,000원
나는 어떤 특수교사인가	김동인 지음 | 268쪽 | 값 17,000원
능력주의 시대, 교육과 공정을 사유하다	한만중 외 지음 | 252쪽 | 값 17,000원
교사와 학부모, 어디로 가는가?	한만중 외 지음 | 252쪽 | 값 17,000원
프레네, 일하는 인간의 본성과 교육	셀레스텡 프레네 지음 | 송순재 엮음 | 김병호 외 옮김 | 564쪽 | 값 33,000원
지속가능한 마을교육공동체 운동	양병찬·한혜정 지음 | 268쪽 | 값 18,000원
평생학습으로 두 나라를 잇다	고바야시 분진 지음 | 양병찬·이정연 편역 | 220쪽 | 값 15,000원
초등 1학년 교실, 궁금하세요?	이경숙 지음 | 324쪽 | 값 19,000원
정의로운 한국사	김은석 지음 | 272쪽 | 값 17,000원
세계의 교사교육	린다 달링-해먼드·앤 리버맨 편저 | 전국교원양성대학교총장협의회 번역 332쪽 | 값 21,000원
남도 항일독립운동가의 기억을 걷다	김남철 지음 | 292쪽 | 값 19,000원
'좋아요'와 '싫어요'를 넘어	여은호·원숙경 지음 | 268쪽 | 값 18,000원
독일 정치교육	볼프강 잔더·케르스틴 폴 지음 | 김상무·김원태 편역 | 강구섭 외 공역 504쪽 | 값 32,000원
혁신교육과 마을교육의 도전과 전환	윤양수 지음 | 216쪽 | 값 17,000원

참된 삶과 교육에 관한 생각 줍기